KB067898

결정판

그냥 그렇게 살다가
갈 거라고?

불확실한 미래/돈의 흐름이 바뀌고 있는 시대

현실점검
동기부여

개인 생존전략

그냥 그렇게
살다가
갈거라고?

The 4th Industrial Revolution

결정판

최병철 지음

아무리 봐도
그냥 그렇게 살다 가도록
세상이 나를 내버려둘 것 같지 않다

아름다운사회
Beautiful Society

고통이 힘든 게 아니다.
그 고통이 의미가 없을 때 힘든 거다.
누구나 열심히 산다.
하지만 그 결과가 없으면 슬프다.
결과는커녕 의미마저 없을 때
우리는 화가 난다.
만약 내 자녀가 그냥 그렇게 살다 가겠다는
자조 섞인 말을 한다면 어떻게 해야 할까?

'어떻게 된다더라' 공포를 주는 말은 많지만
'어떻게 하라'는 없고 알아서 하라는 세상에
현실적 대안을 제시한다.

시장이 백화점으로, 백화점이 할인점으로,
할인점이 거대한 플랫폼 쇼핑몰로
그리고 블록체인 기반 프로토콜 경제로
진화하는 동안

화폐
교통수단
유통단계 축소
이제는
인공지능과 빅데이터,
메타버스와 Difi, NFT
블록체인이 돈의 흐름을 바꾸고 있다.

아무리 봐도
그냥 그렇게 살다 가도록 세상이 나를 내버려둘 것 같지 않다.

차 례

웹 3.0시대의 주역은 누가?

국가 예산은 천문학적이고 정부는 경기 부양이나 이런저런 지원금 명목으로 시중에 엄청한 유동성을 공급하고 있다. 그런데 왜 나는 늘 그대로일까? 국민소득은 몇만 달러가 넘었다 하고 호화로운 빌딩과 고급차는 눈에 띄게 늘어나는데 왜 나는 늘 부족한 듯싶고 불안할까?

아파트 한 채는커녕 아파트 문짝 하나가 내 연봉과 맞먹는 세상입니다. 가계부채가 늘어가는 와중에도 은행들의 영업이익은 천문학적 수준입니다. 정치인은 국민을, 아니 '나'를 잘살게 해주겠다며 큰소리치고 서로 자기가 더 잘한고 싸우는데 왜 내 삶은 나아지는 것 같지 않을까요? 딱히 물어볼 곳도 없고 물어본들 이미 답은 정해져 있습니다. 누군가는 내 능력 탓이라 하고 또 누군가는 만족을 모르고 욕심을 부려서 그렇다고 채근합니다. 어쩌면 이는 현대를 살아가는 거의 모든 사람의 고민일 것입니다.

사실 《그냥 그렇게 살다가 갈 거라고》는 제가 IMF 직후에 쓴 책입니다. 당시 제 나이는 30대 중반이었지요. 그 뒤 모바일 혁명이 일어나면서 개정판을 출간했고 이제 3차 개정판을 내려고 합니다. 2차 개정판을 쓸 무렵에는 모바일 혁명이 시작되고 있었는데, 지금 우리는 4차 산업혁명이란 물결에 휩싸여 있습니다.

한데 우리는 무엇을 해야 하는지 뚜렷하게 답을 제시받지 못하고 있습니다. 어쩌면 강력한 리더십을 발휘하며 어디로 가자고 앞장서서 다그치는 리더가 있던 시절이 오히려 더 나았을지도 모릅니다. 최소한 어디로 가야 하는지는 고민하지 않아도 괜찮았으니 말입니다.

아무도 '어디로'를 말하지 않는다는 것은 답이 없는 게 아니라 스스로 답을 찾아야 한다는 의미일 수도 있습니다. 그 점에서 이번 3차 개정판은 저 스스로 어떤 답을 기반으로 살아가야 하는지 고민한 것이자 생각입니다.

가끔 저는 책을 읽는다는 것이 '일'이 되면 안 된다는 생각을 합니다. 그러려면 책이 읽기 쉬워야 합니다. 그 점에서 이 책은 걱정할 필요가 없습니다. 조금도 어렵지 않으니까요. 물론 아무리 쉬워도 책은 본질적으로 생각할 무언가를 줄 수 있어야 합니다. 저는 바로 그 관점으로 이 책에 접근했습니다.

4차 산업혁명이란 그 전에 이미 세 번의 산업혁명이 있었다는 뜻입니다. 그 세 번의 혁명 때마다 우리 조상들은 무엇을 했고 또 나는 어떻게 살아왔을까요? 우리는 이 점을 성찰해야 합니다. 그런 반성 없이 4차 산업혁명 시대를 살아가면 아무것도 달라질 게 없을 테니 말입니다. 그것은 고스란히 우리 후손이 감당해야 합니다.

4차 산업혁명은 인공지능 혁명 또는 블록체인 혁명으로 부르기도 합니다. 그 명칭이 어떻든 우리가 상상하지 못하던 기술이 우리 삶에 영향을 미친다는 의미입니다. 그것은 대체로 새로운 제품과 서비스로 우리에게 찾아오지요. 첨단 기술은 우리에게 맹목적 소비자로 존재할 것을 요구합니다. 즉, 소비를 예측하거나 빅데이터로 분석하거나 심지어 개인정보를 파악해 오히려 나 자신보다 나를 더 많이 알고 접근해옵니다. 지금의 플랫폼 기업들은 소비자의 구매파워를 무력화시켜서 성장했다고 해도 과언이 아닙니다.

아마도 우리는 4차 산업혁명 시대에도 생산자 위치에 서기는 어려울 겁니다. 최첨단 기술이나 거대 자본은 개개인과 여전히 거리가 먼 이야기입니다. 그러면 우리에게 주어지는 위치는 노동자와 소비자 외에는 없는 것일까요? 함께 고민해 봅시다. 전문가들은 그나마 그 위치마저 위태롭다고 경고를 날리고 있습니다. 하지만 누구도 '그러니 어떻게 해야 한다'는 말은 하지 않습니다.

진부한 얘기지만 우리에게 희망을 주는 생존전략은 그나마 '강점 극대화'입니다. 그 거대한 4차 산업혁명 기술로 무장한 제품과 서비스도 결국엔 누군가가 소비해 주어야 합니다. 이 경우 소비자 위치는 변하지 않을 수 있지요. 아니, 어쩌면 그곳에 기회가 있을지도 모릅니다.

그동안 소비자 위치를 가장 힘 있게 정의한 단어는 '프로슈머'였습니다. 이제 앨빈 토플러가 20여 년 전에 예언한 이 말을 실현할 때가 된 듯합니다. 다행히 우리는 공유경제, 프로토콜 경제(중앙화와 독점화에서 벗어난 개방형 경제), DAO(탈중앙화 자율 조직) 같은 말을 이와 비슷한 맥락과 관점에서 일상적으로 사용하고 있습니다.

최첨단기술이라 하는 블록체인 기술로 무장한 가상자산은 범용성을 확보하고자 기꺼이 소비자 네트워크 구축 방식인 리퍼럴 마케팅을 이용하고 있습니다. 화장품과 기타 실물도 블록체인 등의 기술을 접목해 메타버스Metaverse라는 새로운 영역을 만들고 있지요. 한마디로 소비자가 연합한다면, 그래서 강한 구매력을 얻는다면 소비자 지위는 가장 강력한 집단으로 거듭날 수 있습니다. 이 관점에서 저는 책의 방향을 틀어 개정판을 쓰게 되었습니다.

흥미롭게도 이 책을 처음 쓴 IMF 시절에도 많은 사람이 "그냥 그렇게 살다가 가는 거지 뭐"라는 말을 곧잘 했습니다. 모바일 혁명이 일어나고 부의 판도가 바뀔 것이라는 말이 들려올 때도 사람들은 여전히 "그냥 그렇게 살다가 가는 거지 뭐"라고 말했습니다. 지금 4차 산업 혁명 와중에 메타버스라는 말이 유행하고 있는데 많은 사람이 아직도 "그냥 그렇게 살다가 가는 거지 뭐. 별것 있겠어?"라고 말합니다. 참으로 신기한 일입니다.

어쩌면 이 말은 초긍정 메시지일지도 모릅니다. 얼마나 낙관적입니까? 그저 이것이 체념에서 나온 말이 아니길 바랄 뿐입니다. 당신 자신에게 물어봅시다.

낙관과 긍정은 다릅니다. 준비가 없이 하는 말이라면 낙관일 뿐입니다. "나는 '그냥 그렇게 살다가 가는 거지 뭐'라는 말을 긍정의 의미로 사용하는가, 아니면 체념의 의미로 사용하는가?"

고통 그 자체는 힘든 게 아닙니다. 그 고통이 의미가 없을 때 힘든 겁니다. 누구나 열심히 삽니다. 하지만 그 결과가 없으면 슬픕니다. 결과는커녕 의미마저 없을 때 우리는 화가 납니다.

만약 내 아이가 '그냥 그렇게 살다가 가겠다'고 자조 섞인 말을 한다면 어떻게 하겠습니까? 분명 마음이 몹시 무거울 것입니다. 바라건대 이 책이 잠시 멈춰서서 지금껏 바쁘게 뛰어온 길을 되돌아보는 계기가 되길 희망합니다.

최근 바람이 불고 있는 인문학에서는 '그냥'이라는 말을 무위 혹은 무념이라는 의미로 해석합니다. 산업화 시대, 정보화 시대에는 '그냥'을 무개념이라는 말로 인식했고요. 지금은 뭔가를 의도하지 않고 자유로이 행복하게 사는 방법의 하나로 인식합니다. 그 점에서 책 제목을 바꿔볼까 생각도 했는데 그냥 쓰기로 했습니다. 저는 그냥 그렇게 살다가 가고 싶지 않기 때문입니다. 당신도 여기에 공감했으면 합니다.

불특정 소비자의 연대를 이끌고 그 구매력을 활용해 수익을 창출하는 방식에 접근할 때 지금까지는 주로 편의성 측면이 주를 이뤘습니다. 그 대표적인 것이 온라인쇼핑, 백화점, 대형할인점, 배달업 등입니다. 그나마 수익성에 초점을 두고 접근한 것이 방문판매나 네트워크 마케팅/레퍼럴마케팅이었지요.

그러한 소비자를 하나의 공간이나 회사로 결집해 계속해서 동기를 부여하고 활동하게 하는 방식이 1세대 프로슈머 마케팅입니다. 그런데 이제 사이버로 만나고 대화하는 세상에서 그 소비자들을 하나로 묶는 일은 임계점에 도달해 있습니다. 다시 말해 지금은 2세대 마케팅이 필요합니다. 그것이 가능한 기술을 접목한 결과 소비자 연합체가 프로토콜에 참여하는 방식으로 전환이 일어나고 있습니다. 바로 그 점에서 개인이 승부를 걸어볼 만한 영역은 소비자를 강하게 결속하는 일이라고 생각합니다.

저는 이 역할을 하는 사람을 슈링커(컨슈머Consumer+링커링Linkering)라고 부릅니다. 각각의 프로슈머를 강하게 결속하고 블록체인 등의 기술로 그들이 정 한 프로토콜이 신뢰를 확보한다면 소비자는 누군가에게 종속되는 것이 아니라 각각 독립적인 주체로 존재할 수 있을 것입니다.

1장

삶의 방식과 선택

1장
삶의 방식과 선택

　인간은 누구나 죽습니다. 오늘 하루를 가장 행복하게 살아가야 하는 이유가 여기에 있지요. 그런데 행복의 요건인 '자유'를 누리기가 쉽지 않습니다. 돈과 시간이 우리를 구속하기 때문입니다. 왜 우리에게는 돈과 시간이 충분하지 않은 걸까요? 우리가 돈과 시간을 맞바꾸는 삶을 살아서 그렇습니다. 가끔은 이렇게 말합니다.

　"그냥 그렇게 살다가 갈 거야."

　또는 욕심을 버린 듯한 태도로 살아가면서 소시민적인 삶도 행복하다며 자신을 합리화합니다. 안됐지만 우리가 살아가는 세상은 그 소박한 삶마저 지속성을 담보해 주지 않습니다.

　소박하게 살고 싶지만 외부환경이 우리를 지속적으로 유혹합니다.

　진정한 자유를 누리고 싶은 욕망이 지워지지 않습니다. 더 무서운 것은 낙오자가 되는 것입니다. 더더욱 무서운 것은 이 낙오자나 흙수저의 삶이 대물림되는 것입니다.

　과연 우리는 어떻게 해야 할까요?

사실을 말하자면 시간과 돈뿐 아니라 '생각'도 자유를 구속합니다. 생각의 크기가 자유를 담아내지 못하면 돈과 시간이 있어도 자유를 누리기 어렵습니다. 그래서 돈과 시간을 확보하기 이전에 '자유롭게 살면서 행복의 양을 늘리겠다'는 생각을 먼저 해야 합니다. '왜 사는가'에 답이 없다면 '어떻게 살 것인가'의 답도 찾을 수 없습니다. 역사적으로 수많은 사상가가 왜 사는가를 고민한 이유가 여기에 있습니다.

1. 자기계발이란 허상과 이노베이션/리노베이션/레벌루션

유튜브에서 철학이나 인문, 자기계발이라는 섬네일을 달고 올라온 영상물의 일반적인 패턴은 이렇습니다.

우선 '무얼 어떻게 해야 합니까? 무엇을 해야 합니까?' 하고 묻습니다. 그러면 왜 사느냐는 질문이 돌아오지요. 갑자기 말문이 탁 막힙니다. 당연한 걸 물으니 당황해서 멈칫하는 순간, 그럴 줄 알았다는 듯 그 틈새를 파고듭니다. 왜 사느냐를 모르는데 어떻게 사느냐가 무슨 소용이 있느냐고 강변을 토하는 것이지요.

저도 이런 일을 하고 있지만 한마디로 짜증이 밀려듭니다.

강연자들이 기업체에서 변화나 혁신을 주제로 강연을 할 때 흔히 사용하는 필살기가 있습니다.

"여러분은 이노베이션innovation(혁신)을 하고 있습니까, 아니면 리노베이션Renovation(재생)을 하면서 이노베이션을 한다고 착각하고 있습니까? 착각 정도면 괜찮은데 발목잡기까지 합니다. 그런 조직에서는 머지않아 레벌루션Revolution(혁명)이 일어날 겁니다. 즉, 외부의 강제적인 힘에 뒤집히는 일이 벌어지는 거지요."

강연자가 다소 화난 듯한 표정과 억양으로 마이크를 들고 이런 말을 강하게 하면 누구라도 움찔합니다. 뭐 틀린 말도 아니기에 딱히 반발도 하지 못합니다.

누구라도 이런 말을 들으면 짜증이 납니다. 어떻게 하라고 대안을 제시하지 않기 때문입니다. 책임지지 않으려는 사람이 하는 말은 다 헛소리에 불과합니다. 실제로 자기계발 서적은 가능성과 동기부여라는 명목으로 대안없이 많은 사람을 선동했는데 이는 수많은 실패자를 양산했습니다. 그리고 그 결과를 자기 탓이라거나 성찰성이란 이름으로 개인의 몫으로 떠넘기고 교묘하게 책임을 회피해 왔지요.

이것은 자기계발 서적의 트렌드이기도 합니다. 그들은 대체로 도전해야 한다고 말합니다. 그다음엔 할 수 있다고 말합니다. '이렇게 하면 더 잘됩니다'라고 말하기도 합니다. 그런 다음 '다 네 탓입니다'라는 식의 자기반성과 성찰을 인문학과 결부해 멋지게 위장하면서 그동안 해온 말의 책임을 개인에게 전가합니다.

실은 이것이 긍정적 효과도 내는 까닭에 그 나름대로 면죄부를 받습니다. 문제는 그것이 초래한 상실감이나 좌절감을 치유해 주지 않는다는 것입니다. 이쯤 되면 그만할 만도 한데 돈의 배반, 칭찬의 배신, 자기계발의 덫, 긍정의 배신, 건강의 배신, 희망의 배신, 노동의 배신 류의 책이 여전히 봇물 터지듯 쏟아지고 있습니다.

여기에 실망해 제가 자기계발 영역보다 성과 창출이나 구체적인 방법 영역에 관심을 기울인 시간이 《그냥 그렇게 살다가 갈 거라고》를 출간한 세월만큼 흘렀습니다. 근 20여 년의 시간을 보내면서 늘 새삼스러웠던 것은 '왜 자기계발을 다른 사람의 이야기나 설득에 의존하려 하는 걸까'라는 의문이었습니다.

그러다 보니 자기 스스로를 고용하라고 강조하던 고 구본형 님의 외침이 생각나더군요. 자기 문제를 다른 사람에게 의존해 해결하려 하는 것은 시작부터 잘못된 것이고, 그것이 결국 자기 삶을 살아가지 못하게 만드는 건 아닌가 하는 생각이 듭니다.

지금 사회의 주축은 민주화를 위한 시대적 고통을 겪은 세대들입니다. 그런데 왜 우리는 아직도 민주주의를 완성하지 못하고 오히려 반칙이 정교해지는 사회를 살아가고 있는 걸까요? 50대 후반을 달리고 있는 지금, 저는 수십만 권의 자기계발 서적이 쏟아지는 동안 남들 못지

않게 그런 류의 책을 읽었습니다. 그런데 왜 우리의 고민이 반복되고 있는지 의문을 내려놓지 못하고 있습니다.

어쩌면 함석헌 선생님의 다음 말씀이 그 의문의 답일지도 모릅니다.

"사회 변화를 위해서는 변화를 꿈꾸는 그 사람이 먼저 성숙해야 한다. … 혁명을 완수하지 못하는 이유는 혁명하려는 사람이 혁명되지 않았기 때문이다."

지금의 50대와 60대는 대개 누군가에게 의존하지 않고 살아왔습니다. 저 자신도 부모님께 무언가를 물어보고 결정한 적이 없습니다. 언제나 '배운 네가 알아서 잘하겠지'라고 위임받은 자율적인 삶을 살았지요.

그런데 부모가 된 저는 다릅니다. 늘 아이들 일에 간섭하고 참견하면서 "네가 뭘 알아. 이렇게 해야지"라며 코칭을 빙자한 설득을 하고 있습니다. 실제로 지금의 기성세대는 자긍심으로 똘똘 뭉쳐 '라떼는'이라는 훈장을 몇 개씩 달고 살아갑니다.

안됐지만 그 내용을 뜯어보면 축 처진 후세들의 어깨를 다시 펴게 해줄 대안은 없습니다. 그 결과 오늘날의 청년들은 기성세대가 멋지게 꿈꾸던 결혼이나 직업, 자녀 양육 같은 기본적인 삶을 포기하는 지경에 이르렀습니다.

이 책에도 식상하고 뻔한 이야기로 치부할 만한 내용이 담겨 있을 겁니다. 다만 저는 우리가 처한 상황과 현실에 솔직해지고 싶을 뿐입니다. 그래야 '그냥 그렇게 살다가 갈 거라는' 체념에서 벗어날 수 있을 테니까요.

오로지 진실만이 답을 찾는 첫걸음이라는 생각으로 우리의 현실을 하나씩 직시하고자 합니다. '내 인생은 내가 살아야 한다'가 아니라 '내 인생은 내가 산다'로, '부자가 되었으면 좋겠다'가 아니라 '반드시 부자가 되겠다'로 생각을 전환하는 것이 그냥 그렇게 살다가 가지 않는 방법입니다.

2. 삶에서 확실한 것 네 가지

우리가 살아가는 이 시대를 '불확실성의 시대'라고 말합니다. 한 치 앞을 내다볼 수 없다고 부연해서 설명하기도 하지요. 특히 4차 산업혁명 시대는 더더욱 그렇습니다. 아무도 이것이 답이라고 말하지 않습니다. 바로 속도 때문입니다. 속도가 워낙 빨라서 금세 그 답의 진위를 가려낼 수 있으니까요.

그 와중에도 우리는 삶과 관련해 네 가지만큼은 확실하게 알고 있습니다.

첫째, 우리는 모두 언젠가 죽습니다.

사람은 누구나 죽습니다. 재벌 회장이었든 대통령이었든 누구나 세상을 떠나지요. 우리가 태어날 줄 알고 태어난 줄은 모르겠으나 반드시 죽는다는 사실은 모두가 알고 있습니다. 우리는 육신은 죽어도 이름은 남는다는 식으로 영원히 살 수 있는 것처럼 합리화하지만 아무튼 죽음은 우리에게 분명하고 확실한 길입니다.

수명을 연장하려는 노력은 인류가 역사를 시작한 이후 지금껏 이어져 왔습니다. 원시시대 인류의 평균수명은 10세 전후로 추정합니다. 지금으로부터 2,000년 전, 그러니까 예수님 탄생 무렵 인간의 평균수명은 20세 전후로 보입니다. 이는 인간의 평균수명이 10세 전후에서 20세로 늘어나는 데 몇백 년이 걸렸다는 의미입니다.

지난 세기가 시작된 1900년 선진국 국민의 평균수명은 40 ~ 45세였습니다. 이 말은 인간의 평균수명이 20세에서 40세로 늘어나는 데 1900년이 걸렸다는 뜻입니다. 그런데 지난 세기말 선진국 국민의 평균수명은 약 80세였지요. 불과 100년도 걸리지 않아 40세에서 80세로 늘어난 겁니다. 그야말로 기적에 가까울 만큼 수명이 급속도로 늘어난 셈입니다.

대한민국이 1945년 광복을 맞이했을 때 한국인 평균수명은 35세 전후였고, 지난 세기말에는 남녀를 합해 약 70세였습니다. 앞으로 의

료기술이 발달하면 수명이 120세까지 늘어날 것이라고 합니다.

구글 자회사 칼리코는 인간 노화의 비밀을 알아내 수명을 500세까지 연장하겠다는 목표로 연구에 매진하고 있습니다. 또한 《호모데우스》의 저자 유발 하라리는 호모사피엔스가 지구촌의 가난과 전쟁, 질병을 극복한 후 불멸을 꿈꾸며 죽지 않으려 할 것이라고 말합니다. '죽음'을 신의 영역에서 인간의 영역으로 가져오려 한다는 것이지요. 어쨌거나 인간이 죽는다는 사실에는 변함이 없습니다.

둘째, 우리는 혼자 죽습니다.

인위적으로 집단자살 혹은 동반자살을 시도하지 않는 한 사람은 누구나 혼자 죽습니다. 아무리 사랑하는 사람도 같이 죽을 수 없습니다. 이것은 최상위 개념으로 대신 죽을 수도, 대신 아플 수도 없지요. 이는 우리에게 아주 중요한 의미를 전해줍니다. 바로 '죽음은 혼자, 삶은 같이'라는 개념입니다. 아이러니하게도 우리는 혼자 살 수 없는데 죽음은 함께할 수 없는 것입니다.

그러다 보니 곤란하게도 많은 사람이 착각을 합니다. 남들이 내 인생과 깊이 관련이 있다고 여기는 것이지요. 물론 그렇습니다. 우리는 서로의 삶과 깊이 관련이 있지만 실은 누구도 내 인생을 대신 살아줄 수 없습니다.

우리는 삶에서 생로병사를 피할 수 없는데 이 중 어느 것도 누군가가 대신 해주지 못합니다. 아무리 사랑하는 사람도 대신 아파줄 수 없고 대신 죽어줄 수도 없습니다. 내 인생은 내가 살아야 한다는 것은 너무도 분명한 사실입니다.

셋째, 죽음에는 순서가 없습니다.

알다시피 사람이 죽는 데는 순서가 없습니다. 확률상 위험에 대처하는 능력이 부족한 사람이 더 죽을 확률이 높지만 죽음에 순서가 없다는 것은 분명한 사실입니다. 심지어 태어나자마자 죽는 생명도 있습니다. 최근에는 영아 사망률이 현격히 낮아졌으나 일부 후진국에서는 그 비율이 1,000명당 100명을 훨씬 초과하기도 합니다.

죽음에 순서가 없다는 것은 우리가 내일 죽을 것처럼 최선을 다해 살아야 한다는 교훈을 줍니다. 마하트마 간디가 남긴 말 중에 "내일 죽을 것처럼 살고, 영원히 살 것처럼 배워라"라는 것은 우리에게 시사하는 바가 아주 큽니다.

넷째, 우리는 빈손으로 떠납니다.

요즘에는 태아보험을 드는 부모가 많고 출생확인서만으로도 상당한 재산을 확보하고 태어나는 아기도 있습니다. 어쨌거나 중요한 것은 세상 밖으로 나오는 순간 아기의 손에는 아무것도 쥐어진 것이 없고, 늙어서 떠날 때도 빈손으로 간다는 사실입니다.

과거에 황제가 죽으면 매장할 때 온갖 금은보화를 함께 매장했는데, 그 후세들은 그것을 발굴해 기념관을 지어놓고 먹고사는 데 이용합니다. 정작 당사자는 아무것도 가져가지 못했지요.

빈손으로 죽는다고 해서 무언가를 소유하는 게 무의미하다는 의미는 아닙니다. 여기에는 내가 가진 것을 나누고 베풀어야 한다는 더 깊은 뜻이 담겨 있습니다. 많은 사람이 가능하면 이웃과 나누려 하고 빌 게이츠나 워런 버핏, 심지어 힘겹게 살아온 노인이 자기 재산을 기부하는 이유는 어차피 빈손으로 가야 하기 때문입니다.

3. 삶에서 우리가 모르는 것 세 가지

우리가 모르고 살아가는 것도 있습니다. 무언가를 모를 때 우리는 두려워합니다. 우리가 모르는 것은 미래입니다. 그래서 과거를 기반으로 미래를 유추해 보려 노력합니다. 우리가 모르는 것 중 가장 대표적인 것은 죽음입니다. 그런 까닭에 우리는 죽음 이후의 세상을 가장 많이 알고 싶어 하죠. 당연히 죽음 이후의 세상을 말해주는 존재는 세력도 크고 오랫동안 소멸하지도 않았습니다. 그 역할을 하는 것은 바로 종교입니다.

삶에서 우리가 모르는 것 세 가지는 이렇습니다.

하나는 언제 죽을지 모른다는 점입니다. 언제 죽을지 알고 살아가는 삶은 '시한부 인생'이라 부릅니다. 언제 죽을지 안다는 것은 더 이상 희망을 말할 수 없다는 의미입니다. 우리는 이를 절망이라고 표현하지요.

반대로 언제 죽을지 모른다는 것은 절망적이지 않다는 뜻입니다. 언제 죽을지 모른다는 것은 희망이자 행복입니다. 이는 '지금 이 순간'을 소중하게 여겨야 하는 이유를 말해줍니다. 지금 최선을 다하고, 지금 만나는 사람을 소중히 생각하고, 지금 하는 일의 중요성을 깨달아야 하는 이유가 모두 여기에서 기인합니다.

다른 하나는 어디서 죽을지 모른다는 점입니다. 우리는 자신이 죽는 장소를 알지 못합니다. 만약 우리가 죽는 장소를 알고 산다면 굉장히 두려울 것입니다. 그래서 대부분의 공포영화는 죽음과 관련해 우리가 모르는 것을 다소 예측 가능한 상황으로 꾸며냅니다. 우리는 어디서 죽을지 모르기에 어디든 가고 또 먼 훗날의 모습도 그려보는 것이겠지요.

마지막으로 우리는 어떻게 죽을지 모릅니다. 누군가가 사망하면 우리는 사망 원인을 여러 가지로 분류하고 분석합니다. 대개는 교통사고나 각종 재해 혹은 질병으로 죽지요. 물론 자연 수명을 다하고 죽는 사람도 있습니다. 아무튼 우리가 어떻게 죽을지 모르는 것은 안타깝지만 한편 다행이기도 합니다.

우리가 삶에서 확실하게 아는 것과 모르는 것은 모두 죽음과 관련된 것들입니다. 확실하게 아는 것에는 대체로 무관심하지요. 그 앎이 불편하고 또 거기에 얽매여 살아갈 수도 없기 때문입니다. 확실히 아는 것과 확실히 모르는 것이 무엇인지 안다는 사실조차 정확히 생각하지 않습니다.

그런데 정작 삶과 관련해 어느 것 하나 확실하지도 않은 것에는 아주 많은 관심과 노력을 기울입니다. 어찌 보면 이것은 순서가 바뀐 것입니다.

인류는 수천 년 역사를 이어오며 죽지 않으려고, 오래 살려고, 병들지 않으려고 무던히 애썼습니다. 그 과정에서 형성된 우리의 유전자 구조는 이미 그게 정상인 것처럼 바뀌어버렸습니다. 우리가 다르게 생각하고 행동해야 하는 이유가 여기에 있는지도 모릅니다.

우리가 세상을 깊이 알고자 노력하면서 세상은 더욱 복잡해졌습니다. 다양해지기도 했고요. 그와 함께 다툼과 갈등이 늘어났지요. 가령 법조인 숫자가 늘어난 만큼 범죄가 늘었고, 생산력이 커진 만큼 소비자의 지출 규모도 커졌습니다. 가르치는 교사가 늘어나면서 교육 기회는 많아졌지만 오히려 배워야 할 것이 증가해 굳이 필요 없는 것까지 배우느라 더 힘들어졌습니다.

적당한 '선'이나 정해진 '한도'가 우리가 기존에 알던 수준보다 점점 더 확대되고 있는 것이지요. 이 세상을 도전하고 성취할 이유도 없는 암울한 염세적 상황으로 묘사하고자 이런 말을 하는 것은 결단코 아닙니다.

얻고자 해서 얻었고 구하려 해서 구했으나 만족스럽지 못한 우리의 현실을 들여다보는 것뿐입니다. 오히려 우리는 그렇게 얻은 위치와 결과를 지키기 위해 전보다 더 많은 에너지를 투입해야 합니다.

아는 것도 아니고 모르는 것도 아닌 것, 이것도 저것도 아닌 것, 차지도 덥지도 않은 것은 모두 죽은 것도 아니고 산 것도 아닌 것과 같습니다.

저는 이 책에서 돈 이야기를 아주 많이 합니다. 빈손으로 죽는다는 사실 앞에서 돈 이야기를 하려면 거기에 반드시 의미가 있어야 합니다. 그렇지 않으면 돌덩어리를 갖기 위해 애쓰는 것과 다름없기 때문입니다.

왜 사람들은 부자가 되려고 할까요?
왜 사람들은 돈을 소유하려 할까요?
왜 사람들은 세상에 이름을 남기고 싶어 할까요?

이런 철학적이고 본질적인 질문을 하는 이유는 우리가 '어떻게 살 것인가'가 아니라 '어떻게 죽을 것인가'에 대답을 준비해야 하기 때문입니다.

4. 우리가 정작 두려워 해야 할 것

두려움은 우리가 모르는 상태일 때 생깁니다. 알면 두렵지 않지요. 우리는 죽음뿐 아니라 언젠가 자신이 가진 것을 잃거나 빼앗길지 모른다는 생각을 하며 두려워합니다. 우리가 가진 것 중에 가장 잃고 싶어 하지 않는 것은 무엇일까요? 분명 생명, 가족, 재산, 건강 등일 것입니다.

아마 당신은 이런 말을 많이 접해보았을 겁니다.

"돈을 잃는 것은 적은 것을 잃는 것이고, 명예를 잃는 것은 많은 것을 잃는 것이며, 건강을 잃는 것은 모든 것을 잃는 것이다."

이 모든 것은 우리가 살아 있을 때 의미가 있습니다. 그런데 앞서 말한 대로 우리가 그토록 지키고 싶어 하는 생명은 반드시 빼앗기고 맙니다. 다시 말해 생명은 애초에 내 것이 아닙니다. 내 것이 아닌데 내 것이라고 착각하면서 엄청난 두려움에 떠는 셈이지요.

빈손으로 왔다가 빈손으로 간다는 것을 염두에 두면 사실 두려울 게 없습니다. 같은 맥락에서 지금 갖고 있는 것 혹은 앞으로 갖게 될 것도 최소한 두려움의 대상은 아니어야 합니다.

흔히 도전하고 변화해야 기회가 생긴다고 말합니다. 또한 도전과 변화를 잘 선택해야 성공할 수 있다고 하지요. 이 논리는 그 메커니즘을 이해하는 게 아니라 어떤 마음가짐으로 살아갈 것인가가 훨씬 더 중요하다는 걸 이야기하는 것입니다.

제가 처음 펴낸 《그냥 그렇게 살다가 갈 거라고》는 좀 더 잘살기 위해 그 대안을 찾고자 하는, 다소 답답하고 화가 난 사람의 마음을 이야기하는 정도였습니다. 저는 제 나름대로 대안을 제시했으나 정작 사람들은 삶의 방식을 잠시 바꾸는 것조차 두려워하면서 한 발짝도 떼지 못한 채 소리만 질러댔습니다.

결국 개정판을 낸 지 10년이 지나 수치가 낡다 못해 폐기 수준인데도 여전히 관심을 보이는 독자들을 위해 저는 다시 개정판에 도전하기로 했습니다. 지금껏 잘할 수 있다고 칭찬도 하고 안전로프도 묶어봤지만 많은 사람이 결국 살아온 방식을 본질적으로 바꾸지 못하고 잠시 두리번거리다 다시 제자리로 돌아가는 이유를 설명하기 위해서입니다.

물을 가열하고 있는지도 모르고 서서히 따뜻해지는 물에서 느긋하게 있다가 결국 삶켜버리는 개구리 이야기는 대한민국 국민이면 누구나 알 것입니다. 더 중요한 것은 그 사실을 몰랐던 개구리보다 우리가 훨씬 빨리 죽어가고 있다는 점입니다.

누군가는 물이 서서히 따뜻해지고 있을 때 안주하면 죽는다는 사실을 자신이 안다고 생각합니다. 그렇지만 물을 가열하는 사람은 이럴 경우 또 다른 방법으로 개구리를 익힐 방법을 찾습니다. 어쨌든 개구리를 삶아야 하는 누군가는 개구리가 서서히 죽어간다는 사실을 알고 튀어나올 것을 예상해 뚜껑을 덮어버릴 겁니다.

지속해서 뛸 수 있는 힘과 이유를 설명하지 않고 한 번만 변하면 삶이 바뀔 수 있다는 협의적 개념으로는 아무것도 설명할 수 없습니다. 간혹 따뜻한 물속에 누워 있는 개구리에게는 그렇게 하면 삶겨지고 만다는 경고가 중요하다고 말하는 사람이 있습니다. '어떻게'를 강조하는 사람도 있지요.

그 '어떻게'가 궁극적으로 밖으로 뛰어오르는 것이라면 그 이후에 할 일은 무엇일까요? 사람들은 바로 이것을 궁금해합니다. 아니, 그다음에 무엇을 해야 하는지 몰라 막막해합니다.

그 답은 꿈을 가져야 한다는 사실입니다. 꿈을 가져야 한다는 것을 아는 사람은 많습니다. 그래서 저는 꿈을 가진 사람이 많은 줄 알았습니다. 현실을 보자면 꿈을 가진 사람은 꿈을 가져야 한다는 사실을 아는 사람에 비해 적습니다. 오히려 가짜 꿈을 가지고 위로하며 살아가는 사람이 더 많습니다.

우리가 두려워해야 할 것은 이런 일입니다. 알면서도 실천하지 않는 것이지요. 아는 것과 실천하는 것은 아무 상관이 없는 별개의 것입니다. 이미 확정된 사실인 죽음을 거부하는 것이 삶의 이유가 되어서는 안 됩니다. 우리는 일단 뛰어오르면 어떻게든 되겠지 하는 생각 역시 두려워해야 합니다.

2장

동물에게 배우는
삶의 유형과 선택

2장
동물에게 배우는 삶의 유형과 선택

인생을 게임이라 하는 사람도 있고 연극이라고 하는 사람도 있습니다. 게임에는 승부의 의미가 더 많이 담겨 있습니다. 연극에는 자신이 주인공이고 영화처럼 다시 찍을 수도, 수정할 수도 없다는 뜻이 들어 있으므로 과정에 더 많은 중점을 둔다고 봐야 합니다.

최근 전 세계적으로 웹드라마 〈오징어 게임〉이 인기를 끌었는데 이 게임은 참가자와 주최자, 관람객으로 구분해 진행합니다. 마찬가지로 삶의 방식과 유형은 어느 각도와 기준에서 보느냐에 따라 여러 가지로 구분할 수 있습니다.

'동물에게 배우는 삶의 유형과 선택'이라는 제목처럼 동물 이야기에서 교훈을 찾아보기로 하겠습니다. "하물며 동물도 그런데 사람인 나는?"이라는 질문이 내포되어 있습니다. 인간의 삶을 하등동물과 비교하는 것을 지나친 논리의 비약으로 볼 수도 있지만, 여기에는 분명 그 나름대로 차이점과 배울 점이 있습니다.

1. 탁란 운명의 뱁새와 뻐꾸기

뻐꾸기는 남의 둥지에 알을 낳는 기생 행동인 '탁란托卵'을 하는 것으로 유명한 새입니다. 먼저 뻐꾸기는 높은 나뭇가지에 둥지를 튼 새 중에서 알을 맡길 새를 고릅니다. 가장 만만한 상대는 뱁새입니다.

작은 새들의 동태를 관찰하던 뻐꾸기는 목표로 하는 뱁새가 알을 낳은 뒤 잠깐 자리를 비운 틈을 놓치지 않고 그 둥지에 들어가 뱁새의 알 하나를 부리로 밀어 바깥으로 떨어뜨립니다. 그래야 뱁새가 의심하지 않을 테니 말입니다. 그런 다음 곧바로 둥지에 앉아 자기 알을 낳습니다.

놀랍게도 뻐꾸기의 알 모양과 무늬는 뱁새의 알과 비슷하다고 합니다. 뻐꾸기가 둥지에 들어와 알을 하나 바깥으로 떨어뜨리고 자기 알로 채워 넣기까지는 10초도 채 걸리지 않습니다.

그런데 알에서 깬 뻐꾸기 새끼가 처음 하는 일은 살생입니다. 누가 시키지도 않았는데 마치 등짐을 지듯 뱁새의 알을 등에 얹어 둥지 밖으로 밀어 떨어뜨립니다. 그렇게 둥지를 점령한 뻐꾸기 새끼는 엄청난 속도로 자라 알에서 나온 지 두 주일쯤이면 벌써 뱁새 어미보다 3배나 큽니다. 자기 새끼와 매우 다른 모습이지만 무슨 이유에서인지 뱁새는 이상하게도 그 큰 '새끼'를 열심히 키웁니다.

뻐꾸기의 알은 둥지에 낳기 전부터 어미 배 속에서 이미 부화를 시작합니다. 다른 새들의 알은 낳고 나서 어미가 36도 체온으로 품어야 발생을 시작하지만, 뻐꾸기의 알은 어미 배 속 40도 체온에서 산란 18 ~ 24시간 전부터 발생을 시작합니다. 산란 하루 전부터 알 품기를 하는 셈이지요. 우리 사회에서 보면 금수저 인생입니다. 이에 따라 뱁새와 비슷하게 낳은 뻐꾸기의 알은 일찍 깨어나 살생을 시작합니다.

뱁새처럼 살지 않으려면 우리는 스스로를 돌아봐야 합니다. 우리가 열심히 살면서 품고 있는 알은 내 알이 맞을까요? 혹시 남의 알을 내 알로 착각하고 열심히 먹이를 날라주고 있는 것은 아닐까요? 아니, 내게 내 알이 있기나 한 걸까요?

여기서 알은 우리의 '꿈'을 말합니다. 내가 매일 하는 일은 내 꿈을 성취하기 위한 것일까요, 아니면 다른 누군가의 꿈을 이뤄주기 위한 것일까요?

2. '내일이면 집지리'와 '내일이면 추우리' 새

티베트에는 '내일이면 집지리'라는 새가 있다고 합니다. 이 새는 날씨가 따뜻한 낮에는 실컷 놀고먹다가 밤이 되어 기온이 떨어지면 오들오들 떨며 '날이 밝으면 당장 집을 지어야지'라고 결심합니다.

그러다가 날이 밝고 햇살이 비쳐 다시 포근해지면 지난밤 추위에 떨면서 했던 결심을 까맣게 잊고 놀기에 여념이 없습니다. 날은 어김없이 어두워지고 밤이 오면 그제야 '아이고 추워라. 내일은 날이 밝자마자 집부터 지어야지' 하고 후회를 합니다.

그렇게 다음 날, 그다음 날 또 그다음 날에도 따뜻한 낮에는 놀고 추운 밤에는 덜덜 떠는 생활을 계속하는 겁니다.

이와 반대로 열대지방에는 '내일이면 추우리' 새가 있습니다. 이 새는 다른 새들이 모두 노느라 바쁜 대낮에 뜨거운 햇볕을 등지고 '내일은 추울 거야'라고 걱정하며 집을 짓습니다.

그렇게 걱정을 태산처럼 짊어지고 집을 짓느라 생을 즐기지도, 여유 있게 보내지도 못하는데 막상 밤이 되어도 날씨는 집이 필요할 만큼 추워지지 않습니다. 몇 차례의 헛수고에도 불구하고 이 새는 '내일은 추울 거야'라며 종일 쓸모없는 집을 짓느라 여념이 없습니다.

사람들 중에서 머리에 온갖 걱정이 가득하고 계획 없이 부지런만 떠는 유형은 이 새를 닮았다고 할 수 있지요.

3. 삶아지는 개구리

프랑스에는 유명한 삶은 개구리 요리가 있습니다. 이 요리는 손님이 앉아 있는 식탁 위에 버너와 냄비를 올려놓고 직접 눈앞에서 개구리를 산 채로 냄비에 넣고 조리한다고 합니다.

이때 물이 너무 뜨거우면 개구리가 놀라 펄쩍 뛰어오르기 때문에 맨처음 냄비 속에는 개구리가 가장 좋아하는 온도의 물을 부어둡니다. 그러면 개구리는 따뜻한 물이 마음에 드는 듯 가만히 엎드려 있습니다.

그 순간부터 약한 불로 물을 데우기 시작합니다. 아주 느린 속도로 서서히 가열하는 탓에 개구리는 자신이 삶아지고 있다는 것도 모른 채 기분 좋게 잠을 자면서 죽어갑니다.

이 이야기는 굉장히 유명해서 모르는 사람이 거의 없을 정도입니다. 그렇지만 현실을 보자면 알면서도 따뜻함을 즐기며 그곳에 안주하려는 사람이 많습니다.

좀 더 현명한 개구리라면 물이 따뜻해질 무렵 뛰어오를 것입니다. 이런 일을 경험하면 요리사는 당연히 처음부터 뚜껑을 덮어버리겠지요.

개구리 이야기에 인간의 삶을 투영하는 것은 지나친 비약일 수도 있습니다. 그러나 우리가 무언가를 배우고 배운 대로 행동할지라도 그것까지 예측한 어떤 세력이나 주체는 또 다른 대책을 세울 겁니다. 혹시 우리는 끊임없이 배우며 살아야 하는 게 아닐까요?

4. 이누이트가 늑대를 사냥하는 방법

동물 중에서 늑대는 가장 인간처럼 생활한다고 합니다. 특히 늑대는 한 번 짝을 이루면 둘이 평생을 함께 살아갑니다.

늑대는 자기 새끼에게 굉장히 상냥한 동물입니다. 동물의 수컷은 보통 자기 새끼를 거칠게 대합니다. 하지만 늑대 수컷은 자기 새끼에게 먹은 고기를 토해 먹일 정도로 애정을 보입니다.

늑대는 활동 범위가 매우 넓은 동물로 먹이를 구하려고 800㎞가 넘는 범위를 움직이기도 합니다. 또한 늑대는 상당히 영리한 동물입니다. 가령 사냥할 때 눈을 밟으며 달리면 힘들다는 것을 알아서 사냥감이 밟고 지나간 자리를 이용해 달립니다.

늑대는 보통 무리 지어 살아가는데 만약 무리에 낯선 늑대가 섞여 있으면 우두머리 늑대가 나서서 그 낯선 늑대를 쫓아냅니다. 흥미롭게도 어릴 때부터 싸움을 좋아한 늑대는 사냥을 하고, 싸움을 싫어한 늑대는 집을 지킵니다. 무리가 없는 늑대는 퓨마에게 습격을 당하거나 곰에게 먹이를 빼앗기기 일쑤입니다. 설령 무리에 속한 늑대일지라도 호기심이 왕성한 새끼는 언제든 위험에 노출되어 있습니다. 이에 따라 훌륭한 어른으로 자라나는 늑대는 절반 정도에 불과하다고 합니다.

늑대는 사는 곳에 따라 먹는 음식이 다릅니다. 예를 들어 팀버늑대는 주로 사향소, 말코손바닥사슴, 아메리카들소 같은 것을 잡아먹습니다. 무리가 없는 늑대는 토끼처럼 작은 먹이를 잡아먹지요. 보통의 늑대는 가축과 꿩, 닭 등을 잡아먹기도 합니다.

이렇듯 무리 지어 살아가는 영리한 늑대를 사냥하는 방법 중에서도 이누이트의 방식은 매우 흥미롭습니다.

이누이트는 늑대를 사냥할 때 처음 15일간 칼날만 간다고 합니다. 그런 다음 그 칼날에 동물의 피를 묻히고 말리기를 반복한 뒤 늑대들이 지나다니는 길목에 칼날을 거꾸로 꽂아놓습니다.

그러면 피 냄새를 맡은 늑대가 다가와 그 칼날을 핥는데 그때 늑대는 혀를 베이면서 피를 흘립니다. 늑대는 그것이 자신의 피인 줄도 모르고 계속 핥다가 결국 출혈이 심해져 쓰러지고 맙니다.

5. 스프링벅의 이상한 습성

아프리카에 사는 스프링벅이라는 양 이야기를 아십니까?

이 양들은 평소에는 작은 무리를 지어 평화롭게 풀을 뜯다가 점점 큰 무리를 이루게 되면 아주 이상한 습성이 나온다고 합니다.

무리가 커지면 맨 마지막에 따라가는 양들은 뜯어 먹을 풀이 거의 없게 되고 그렇게 되면 좀 더 앞으로 나아가 다른 양들이 풀을 다 뜯기 전에 자기도 풀을 먹으려고 합니다. 그 와중에 또 제일 뒤에 처진 양들은 역시 먹을 풀이 없게 되니, 앞의 양들보다 조금 더 앞으로 나서려 합니다.

이렇게 뒤의 양들은 앞으로 나아가려 하고, 앞의 양들은 또 뒤처지지 않으려고 더 앞으로 나아가게 되고, 그렇게 되면 맨 앞에 섰던 양들을 포함해 모든 양이 서로 뒤처지지 않기 위해 마구 뛰게 됩니다. 결국 풀을 뜯어 먹으려던 것도 잊어버리고 오로지 다른 양들보다 앞서겠다는 생각으로 뛰게 되고 그러다 보니 그 속도가 점점 빨라지는 겁니다.

자, 정신없이 달리는 양 떼를 한번 상상해 보세요. 웃기지 않나요?

한번 뛰기 시작한 수천 마리의 양 떼는 파도같이 산과 들을 넘어 계속 뛰기만 합니다. 계속 뛰어요, 계속. 여기가 어딘지도 모릅니다.

풀 같은 건 생각지도 않고 그냥 뛰기만 합니다. 정신없이 뛰어요.

그러다가 마지막으로 해안 절벽에 다달아도 절대 멈추지 못합니다.

수천 마리의 양 떼는 굉장한 속도로 달려왔기 때문에 앞에 바다가 나타났다고 해서 곧바로 멈출 수가 없는 겁니다. 어쩔 수 없이 모두 바다에 뛰어들게 되는 겁니다. 그렇게 해서 한 번에 수천 마리의 양이 익사하는 사태도 발생한다니 정말 어처구니없는 일 아닌가요?

- 출처: 배유안, 《스프링벅》, 창비

45

우리는 어떤가요? 남들보다 앞서려고 합니다. 그래서 오늘도 뛰고 있습니다. 그러나 정작 왜 뛰는지 모릅니다. 그리고 멈출 수 없습니다. 빠져나와야 하는 이유입니다.

6. 레밍과 레밍 딜레마

스칸디나비아 북부에서 서식하는 레밍은 집단 이동 중에 자살하는 것으로 유명합니다. 어떤 이유에서인지 레밍들은 절벽에서 뛰어내리는데 이들은 왜 이런 행동을 하는 걸까요? 그 이유는 아무도 정확히 모릅니다.

몇몇 할 일 없는 과학자들은 이 문제를 놓고 수십 년 동안 씨름하고 있습니다. 레밍의 그러한 행동은 본능일 수도 있고 그들 사이의 문화일 수도 있습니다. 이유야 어찌 되었든 지금도 전 세계의 레밍 수천 마리는 절벽 끝으로 가서 거대한 미지의 세계를 향해 뛰어내리기를 계속하고 있습니다. 어쩌면 이런 행동은 레밍들 사이에서는 지극히 정상적인 것인지도 모릅니다.

우리의 상식을 기준으로 이해하기 힘든 일은 인간 사이에도 많이 발생합니다. 크게는 국가 간, 작게는 가족 간에도 '왜 저렇게 행동하지' 싶은 일이 꽤 많습니다. 각자의 행동에 정답은 없습니다. 다만 서로의 기준이 다를 뿐입니다. 우리는 그 기준이 서로 달라서 아웅다웅하며 살아가는 것입니다.

7. 나비와 나비의 꿈

나비는 알, 애벌레, 번데기, 성출 과정을 거칩니다. 알이 각 단계를 거치며 나비로 성장할 확률은 2 ~ 3%라고 합니다. 알은 부화하기도 전에 다른 곤충의 먹이가 되거나 빗물에 쓸려가기도 합니다. 애벌레가 되어서도 새, 개미 등 수많은 천적 때문에 절반 정도가 애벌레 상태에서 죽습니다.

여기서 살아남은 애벌레는 탈피 과정을 서너 번 거치는데 그것도 매우 고통스러운 일이라고 합니다. 이후 번데기가 될 준비를 하지만 대부분은 그냥 애벌레 상태에 머물러 있습니다. 번데기가 된 뒤 2주 정도 지나면 전혀 다른 생명체인 나비로 태어납니다.

나비가 되어 누에고치를 뚫고 작은 구멍으로 나올 때는 엄청난 고통을 받습니다. 나비의 그 고통스러운 몸짓이 안쓰러워 어떤 생물학자가 구멍을 넓혀 주었더니 나비가 날개도 펴보지 못하고 비틀대다가 죽어버렸다고 합니다.

나비가 되어 젖은 날개를 말리는 순간을 노리는 천적들도 있습니다. 나비가 한 시간 동안 몸을 말린 뒤 마지막으로 하는 일은 배설입니다. 그렇게 몸이 가벼워지면 자유롭게 하늘을 날아가는 거지요.

이처럼 나비가 되기까지 성충으로 대략 250일을 살고 나비가 된 뒤 20여 일을 산다고 합니다. 그토록 커다란 위험과 고통을 뚫고 겨우 20일을 살다가 가는 것이 나비의 삶입니다.

이러한 나비의 삶을 우리는 어떻게 바라봐야 할까요? 나비의 수명이 어느 정도라고 생각하나요? 아마도 대개는 나비가 되어 자유롭게 살다 간 것만 수명으로 여길 것입니다. 그러면 왜 우리의 수명은 태어나는 순간부터 계산하는 건가요?

나비의 수명을 20일로 보는 것은 그 기간에 나비에게 자유와 꿈이 있었기 때문인지도 모릅니다. 나비의 꿈은 꽃들에게 희망을 주는 것이라고 하지요. 나비는 꽃들을 찾아다니면서 꽃의 희망인 열매를 맺도록 돕는 삶을 살아야 진정 살았다고 할 수 있습니다. 나비가 그것을 의도했든 아니든 우리는 그 기간을 수명이라고 합니다.

그렇다면 우리가 진정 살았다고 할 만한 수명은 어느 정도일까요? 우리에게는 어떤 꿈이 있고 그 꿈은 누구에게 이로울까요? 그 답을 찾아야 합니다. 그것이 그냥 그렇게 살다가 가지 않는 길입니다. 아무 생각 없이 그냥 그렇게 살다가 간다면 나비만도 못한 삶이라고 해도 반박하기 힘들지 않을까요?

흔히 인간을 '만물의 영장'이라고 합니다. 교과서에서 배운 것처럼 인간은 직립보행을 하고 생각을 언어와 글로 표현한다는 점에서 동물과 근본적으로 다릅니다. 그렇지만 지금까지 몇 가지 사례를 살펴보았듯 인간의 삶은 그 과정과 결과가 많은 점에서 동물과 유사합니다.

우선 우리가 살아가면서 취하는 행동 유형은 '내일이면 집지리'나 '내일이면 추우리' 새와 크게 다르지 않습니다. 다만 종족 전체가 그렇지 않고 그중 몇몇은 그런 일반론적 행동에서 벗어나 또 다른 도전과 변화로 새로운 것을 창조한다는 점이 다를 뿐입니다. 덕분에 다른 대다수 인간은 그 혜택을 누리며 좀 더 진화한 문명과 문화 속에서 사는 것이지요.

결국 두 가지 새의 공통점은 '실천하지 않는다는 것'입니다. 이를 인간에 비유하면 크게 게으른 사람과 걱정만 하는 사람으로 구분할 수 있지요. 두 경우 모두 대개는 잘 살고 싶어 하지만 실제로 잘 사는 사람은 얼마 되지 않습니다.

개구리가 뜨거운 물에 삶아지는 것과 늑대가 날카로운 칼날을 핥다가 죽는 것에는 '자각하지 못했다'는 공통점이 있습니다. 이들은 자신이 죽어가고 있음에도 그것을 자각하지 못해 결국 죽습니다. 변화를 인지하는 시스템을 미리 구축해 상황이 변하고 있음을 자각해야 했으나 그러지 못한 것이지요.

특히 우리는 이것을 우리 삶에 접목해 볼 필요가 있습니다. 오늘날 커다란 문제 중 하나가 직장의 정년이 짧아지고 있다는 점이기 때문입니다. 이를 인지할 경우 개구리나 늑대와 달리 여기에 대항하는 방법을 다양화할 수 있습니다. 이를테면 우리의 근무 형태가 다양해질 수 있지요. 어쨌든 우리는 주도적인 위치에서 문제를 해결해 나가야 개구리나 늑대처럼 당하지 않을 수 있습니다.

다른 사람과의 관계에서 주도적인 위치에 서는 방법에는 두 가지가 있습니다. 하나는 경쟁에서 우월성을 확보하는 방법입니다. 다른 하나는 주도적으로 자신만의 세상과 규칙을 만드는 것입니다. 그렇지만 문제는 여전히 발생합니다. 경쟁방식으로 우월성을 확보하는 것은 해결방안이 아니기 때문입니다.

스프링벅이 보여주듯 경쟁은 또 다른 경쟁을 낳습니다. 실제로 오늘날 우리 사회가 겪고 있는 불평등과 자연적 재앙은 과도한 경쟁의 결과물입니다. 경쟁으로 얻은 승리는 그저 잠깐의 행복과 승리감만 안겨줄 뿐입니다. 그리고 거기에서 낙오한 집단이 세력화할 경우 그것은 경쟁이 아닌 분쟁과 다툼으로 커지고 맙니다. 우리는 역사에서 이런 사례를 수없이 보아왔습니다.

3장
현실 진단과
인정해야 할 것 8가지

3장
현실 진단과 인정해야 할 것 8가지

바쁘다 = '바보다 + 바보다' 입니다.

바보 같은 짓을 두 번씩 하면서 살아가는 사람은 늘 바쁩니다.

바쁘다는 건 속력이 빠르다는 것을 의미합니다.

바쁜 사람은 즉, 스피드가 빠른 사람은 다른 것을 볼 겨를이 없습니다.

결국 자신의 삶을 돌아볼 수 없습니다.

달리는 자동차라면 기름이 떨어지고 나서야 멈춰 섭니다.

그제야 지나온 길을 돌아보지만 이미 때는 늦습니다.

가끔 고장 나서 멈춰 선 자동차는 수리하는 동안이라도 지나온 길을 돌이켜봅니다. 어쩌면 다행인지도 모릅니다.

이는 우리가 지금 멈춰 서야 하는 이유입니다.

그래야 내가 지금 어디쯤 서 있는지 알 수 있습니다.

1. 자본주의 붕괴 혹은 자본주의 대전환이라는 것

이 글을 쓰고 있는 지금 한 가지 고민이 있습니다. 우리는 자본주의 체제 속에서 살아갑니다. 그런데 요즘 곧잘 '자본주의의 몰락'이라는 말을 듣습니다. 이런 말을 들을 때마다 저는 '그렇다면 사회주의 공산주의가 맞는다는 말인가? 다른 대안이 있다면 그것은 무엇일까?' 하는 의문이 떠오릅니다.

방향성을 결정하지 않은 상태에서 달리는 것은 브레이크가 고장 난 자동차가 속력을 더하는 것만큼이나 위험한 일입니다.

왜 자본주의가 붕괴하며 그렇게 붕괴한 자본주의의 모습은 어떠할까요? 자본주의의 한계를 가장 잘 지적한 사람은 프랑스 경제학자 토마 피케티입니다. 그가 《21세기 자본》에서 주장한 내용은 이렇습니다.

"자본이 스스로 증식해서 얻는 소득(임대료, 배당, 이자, 이윤, 부동산이나 금융상품에서 얻는 소득 등)이 노동으로 벌어들이는 소득(임금, 보너스 등)을 웃돌기 때문에 소득 격차가 점점 더 벌어진다. 소득에서 자본이 차지하는 비율은 1914 ~ 1945년 급격히 떨어진 이후 다시 증가해 최근 19세기 수준의 턱밑까지 도달했다. 1914 ~ 1945년 잠시 평등이 상대적으로 높게 유지된 것은 단지 전후 복구를 위해 각국 정부가 의도적으로 부유층이 상속받은 부에 상당 정도의 과세를 부과했기 때문이다."

최근 피케티 등 세계 유수의 학자들이 작성한 〈세계 불평등 보고서 2022〉에 따르면 상위 10% 소득이 전 세계 소득의 52%를 차지한 반면, 하위 50% 소득은 전체의 8%에 불과했습니다. 부의 경우 상위 10% 부자가 전체 부의 76%를 소유했고 하위 50%는 겨우 전체의 2%를 차지했습니다.

　　〈세계 불평등 보고서 2022〉는 자산 불평등이 소득 불평등보다 한층 더 심각한 문제라는 것, 단지 격차가 아니라 계층 상승 기회가 막힌 불평등 세습이 문제라는 것, 각국의 소득 수준과 불평등 정도는 별로 상관관계가 없다는 것을 보여줍니다. 나아가 포장만 바꾼 또 다른 성장주의나 낙수효과 전략으로는 이러한 불평등 극복 과제를 감당할 수 없다는 메시지를 던집니다.

　　이들이 내린 결론은 누진세 등 자산 평등화를 위한 획기적인 대안이 절실하다는 것입니다. 한마디로 말하자면 신자유주의Neo-Liberalism 모습으로 운영해 온 자본주의는 그 수명을 다했다는 얘기입니다.

　　과연 신자유주의란 무엇일까요? 신자유주의는 자본가 · 노동자의 자유와 권리를 국가가 관리하고 복지정책을 도입하며 공공투자를 늘려 유효수요를 증대하려 한 케인스의 수정주의를 비판하는 논리를 바탕으로 등장했습니다. 정부가 자본 흐름에 개입해 경제활동을 간섭하는 것은 경제적 효율성을 떨어뜨리므로 제약 없는 자유를 보장해야 한다는 것이 신자유주의 이론의 핵심입니다.

밀턴 프리드먼Milton Friedman과 조지 조지프 스티글러George Joseph Stigler 같은 경제학자들이 주도한 신자유주의는 생산·가격·고용 등 경제 수준을 결정하는 요인으로 통화의 중요성을 강조하고 물가 조절, 자원 배분 등의 경제 운영은 시장에 자유롭게 맡겨두는 것이 가장 바람직하다고 봤습니다. 정부 개입보다 민간의 자유로운 경제활동을 주장한 것이지요. 이는 제약 없는 자유, 즉 기회를 주고 각 주체의 능력에 따른 결과도 그 주체의 몫으로 인정하라는 주장입니다.

안됐지만 이들은 차별적 능력이라는 상황을 고려하지 못했고 이것은 결국 우리가 겪고 있듯 양극화와 불평등으로 이어졌습니다.

아무리 기회를 동일하게 주어도 고액과외를 받거나 부모 찬스를 쓰는 사람보다 우월하기는 어려운 것이 사실입니다.

만약 정말로 자본주의가 몰락하고 있다면 우리는 어떤 역량을 키워야 할까요? 다시 말해 어떤 관점에서 자신의 능력을 키워야 하는 걸까요? 저는 개인의 역량을 키워 자신이 가져가는 몫을 늘려야 한다는 논리는 피하고 싶습니다. 그런 말은 아주 많은 사람이 강조하고 있기도 하지만 그러한 능력을 갖춘 사람은 그냥 그렇게 살다가 가도 되기 때문입니다.

능력 중심인 신자유주의의 수명이 한계에 도달한 상황에서 우리가 갖춰야 하는 것은 무한경쟁 중심의 능력이 아닙니다. 바로 협업하는 것입니다. 협업이란 각 주체가 유기적으로 상호작용하면서 일을 진행하는 것을 말합니다. 이미 협업을 기본으로 한 비즈니스가 중심으로 부상하고 있습니다.

우리는 누군가가 절대적인 능력(학력, 경력, 자본, 자격 등)을 갖추고 일방적으로 진행해 그 결과를 독차지하는 불평등 사회의 한계를 직시해야 합니다. 그와 함께 협업하는 역량을 키우고 그 역량을 키울 수 있는 일에 관심을 기울여야 합니다.

2. 내가 아닌 온통 남의 이야기만 넘쳐나는 세상

누구나 성공을 원합니다. 그렇지만 누구는 성공하고 누구는 성공하지 못합니다. 그럼에도 불구하고 사람들은 대부분 성공 법칙을 배우려 하지 않습니다.

누구나 독도를 자기네 영토라고 우기는 일본에는 화를 내지만 정작 자신의 꿈을 빼앗기고 살아가는 것에는 아무런 느낌이 없습니다. 누구나 세상을 바꾸고 싶어 하지만 자신을 바꿀 생각은 하지 않습니다.

누구나 부자가 되길 원합니다. 그러나 우리가 택한 수단으로는 부자가 될 수 없습니다. 그 수단이 부자가 될 수 없는 수단임을 모두가 압니다. 그런데 대부분 그것을 바꾸려 하지 않으면서 부자가 되길 바랍니다. 나아가 다른 사람을 원망합니다.

재밌게도 '바꾸지 않는 것'을 '바꾸지 못하는 것'이라고 말합니다. 여기에 더해 그럴듯한 이유를 댑니다. 우리는 그것이 변명인 줄 압니다. 물론 우리는 그것을 변명이라 말하지 않습니다.

더러는 그것이 자신의 철학인 듯 꾸며대기도 합니다. 이론가들은 그에 걸맞은 그럴듯한 말을 쏟아내기도 하지요. 가령 소확행(소소하지만 확실한 행복), 아모르파티(자신의 운명을 사랑하라), 카르페디엠(현재를 즐겨라) 같은 말을 왜곡해서 자기 편의에 맞게 사용합니다.

여건이 구비되지 않은 사람들에게 이러한 대안 제시는 기득권을 가진 이들이 사회를 훨씬 쉽게 통제할 수 있게 해줍니다.

비굴함을 겸손으로 위장한 채 살아가기도 합니다. 속으로는 아니라고 생각하면서도 아니라고 말하지 못하기도 하지요. 예를 들면 불과 10%의 사람이 전 세계 부의 50% 이상을 차지해도 나머지 90%가 그 구조를 바꾸지 못합니다. 그 이유는 단 하나입니다. 한 번도 주체적으로 살아본 적이 없기 때문입니다.

노예가 노예 해방을 꿈꾼 적이 없고 노예의 대장이 되려 했기에 노예는 스스로 해방되지 못했던 것처럼 우리는 무언가 선택해야 한다는 것을 잘 압니다. 그런데 현실을 보자면 늘 선택당하고 맙니다.

그것이 칼의 자루를 잡느냐, 날을 잡느냐의 차이인 줄도 압니다. 분명 그것을 몰라서 그런 것은 아닙니다. 그저 칼날을 잡아 손에서 피가 철철 넘쳐흘러도 그 칼날을 놓지 못할 뿐입니다.

신문 기사든 각종 책이든 한결같이 우리를 다그칩니다. 몇몇 성공 사례를 들어가면서 왜 변화하지 않느냐고 하는 것이지요. 다른 한편에서는 욕심을 버리고 만족하며 살라고도 합니다.

어느 장단에 맞춰 춤을 춰야 할지 모르겠습니다. 우리는 그때그때 무언가를 시도했다가 실패한 사례와 성공한 사례를 적절히 인용하며 자신을 합리화할 뿐입니다. 실패한 사례는 상대적으로 우쭐대고 싶을 때, 성공한 사례는 무언가 아쉬울 때 마치 자신의 이야기인 듯 남의 이야기를 합니다.

그래서 세상에는 내 이야기는 없고 남의 이야기만 넘쳐납니다. 심지어 남의 이야기를 퍼 나르느라 돈과 시간까지 씁니다. 언제쯤 우리는 자신의 이야기를 하게 될까요? 아니, 그럴 생각이 있기나 한 걸까요?

솔직히 말하면 우리는 현재의 조건과 상황에서 자신이 할 수 있는 일이 무엇인지 잘 모릅니다. 그래서 우리는 이렇게 말합니다.

"그냥 이렇게 살다가 갈래."

그러나 이것은 우리의 본심이 아닙니다.

3. 우리는 무엇에 절망하는가

'행복은 각고의 노력 끝에 찾아오는 다디단 열매인가, 아니면 순간 순간 느끼는 좋은 느낌인가?'

그 똑똑하다는 철학자들이 이 질문을 수천 년간 연구하고 고민했으나 딱히 답은 없습니다. 저는 어려서 "인내는 쓰다. 그러나 그 열매는 달다"는 말을 들으며 그 열매를 행복이라 여기면서 살아온 세대입니다.

하지만 최근에는 행복을 다룬 책 어디에서도 그런 말을 찾아볼 수 없습니다. 오히려 행복은 순간순간 느껴지는 좋은 느낌Good Feeling이라고 말합니다. 심지어 "젊어 고생은 늙어 신경통"이라고 말할 정도입니다.

좋습니다. 그러면 두 가지 중 하나만이라도 내게 해당해야 하는 것 아닐까요? 나중에라도 행복해질 가능성이 있거나 아니면 지금 이 순간에라도 좋은 느낌을 느낄 수 있어야 하는 것 아닐까요?

문제는 두 가지 중 어느 경우에도 해당하지 않는다는 데 있습니다. 이것이 우리를 좌절하게 만들고 그 좌절은 분노나 갈등, 원망으로 표출되고 있습니다.

왜 우리는 나중에라도 좋아질 것 같지 않고 지금 이 순간에도 행복을 느끼지 못하는 것일까요? 그것은 무언가가 방해하거나 가로막기 때문일 것입니다. 그게 무엇일까요?

저는 그것이 돈과 시간이라고 생각합니다. 물론 우리가 행복을 말할 때 언급하는 건강이나 친구, 배우자, 일도 매우 중요합니다. 그러나 내게 의지가 있어도 통제하기 어려운 것이 바로 돈과 시간입니다.

우리가 절망하는 이유는 두 가지입니다. 하나는 지금 아무리 노력해도 궁극적으로 내가 하고 싶거나 갖고 싶은 걸 얻을 수 없다고 생각하기 때문입니다. 다른 하나는 이미 우리에게 주어진 행복이 있더라도 돈과 시간을 맞바꾸는 삶으로는 그 행복을 느끼기 어려워서입니다.

사실 우리는 조선시대 왕보다 더 좋은 시설과 환경 속에서 살아가고 있습니다. 우리가 아무리 가난할지라도 경제력이 형편없는 가난한 나라의 국민에 비하면 가질 수 있는 게 많습니다.

이런 것을 설파하면서 만족하고 감사하며 살라고 말하는 사람이 많지만 그게 마음을 먹는다고 되는 건 아닙니다. 오히려 그런 식으로 가르치려 들면 듣기 싫어합니다. 저도 마찬가지입니다.

같은 맥락에서 우리에게 필요한 것은 개론이 아니라 각론입니다. '그러니 어떻게 하라고?'라는 질문에 명확한 답이 필요한 것이지요.

4. 현실 진단, 당신은 어떠한가

부자 판별법

1. (가구 총소득 × 나이) ÷ 10 = 동년배 평균 자산 A

2. 본인의 부채를 뺀 순자산 B

3. A < 2B = 부자, A = B = 보통, A > 0.5B = 가난

– 출처: 《이웃집 백만장자》, 토마스 J. 스탠리 외 지음, 리드리드출판

한국인의 60% 이상은 자신을 중산층으로 여기며 살아간다고 합니다. 객관적으로 부자의 기준은 금융자산 10억 원 정도라고 하지요. 그렇다면 현재 당신의 수준은 어느 정도라고 생각합니까?

토마스 J. 스탠리는 자신의 책 《이웃집 백만장자》에서 흥미로운 부자 판별법을 소개하고 있습니다. 그러면 위에 제시한 부자 판별법에 한 사례를 적용해 봅시다.

만약 연봉이 3,500만 원이고 나이가 30세라면 순자산이 1억 500만 원이어야 보통 수준의 삶을 산다고 할 수 있습니다.

문제는 연봉 4,000만 원이 되는 3년 후에는 자산이 1억 3,200만 원은 되어야 보통 수준의 삶을 유지할 수 있는데, 이는 매년 900만 원을

저축해야 가능하다는 점입니다. 이를 충족하려면 월평균 저축액이 80만 원 수준이어야 하며 결국 시간이 지날수록 삶의 수준이 떨어진다는 결론이 납니다.

한마디로 현실을 보자면 보통 수준의 삶을 유지하는 것도 힘듭니다.

가령 20년 후 현금자산 10억 원을 보유하려면 1년에 5천만 원씩 저축해야 합니다. 물론 물가 인상은 고려하지 않고 말입니다. 30년 후 현금 10억 원을 목표로 할 경우 연간 4천만 원을 저축해야 하지요. 매달 약 350만 원씩 저축해야 한다는 얘기입니다.

그렇게 해서 현금 10억 원이 생길지라도 서울 강남에서 아파트 한 채를 사려면 또 그만큼이나 그 이상의 돈을 은행에서 빌려야 합니다.

당신이 보유한 수단으로 이것이 가능합니까? 아니, 그런 삶을 살아가는 것에 전적으로 동의하고 만족합니까?

이것이 불가능하다면 당신이 보유한 수단은 '부자가 될 수 없는 수단'입니다. 5년 후의 내 모습을 5년 먼저 입사한 직장상사와 굳이 비교해 볼 것도 없습니다. 비록 외형은 지금보다 커지고 늘어나겠지만 우리는 그 수준이 계속 떨어진다는 사실에 주목해야 합니다.

5. 월급쟁이 10억 만들기

- 2021년 가구당 월소득 2,991천 원(1인 가구)을 기준으로
- 소득 인상률 5%, 소득 기간 25년 가정 시

  25년 후 총수입 17억 8,000만 원
- 현재가치 10억 원의 25년 후 금액: 33억 8,000만 원
- 결국 현재가치 10억 원인 33억 8,000만 원을 벌려면 35년간 일해야 함
- 33억 8,000만 원 ÷ 35년 = 연 약 9,657만 원씩 저축해야 가능

  (이자 미반영)
- 소득의 40%(약 3,862만 원)를 저축한다면 87년 소요됨

출처: 통계청 자료 활용

영국 워릭대학교 연구팀이 10년간 매년 1만 명의 생활 수준과 만족도를 조사한 결과 가장 행복감을 느끼는 돈의 액수가 100만 파운드(한화 약 10억 원)였다고 합니다. 그럼 월급을 받는 직장인이 10억 원을 만드는 방법을 살펴봅시다.

평균 수준의 가구가 25년간 저축해서 모을 수 있는 금액 15억 3,000만 원을 현재가치(물가상승률 4% 가정 시)로 환산하면 5억 6,300만 원

입니다. 그런데 한국보건사회연구원 발표 자료에 따르면 아이를 한 명 낳아 성인이 될 때까지 키우는 비용이 월평균 82만 5,000원이랍니다.

여기서 생활비, 자녀 교육과 결혼 비용, 주택 구입비 등을 공제하면 남는 금액은 약 1억 4,000만 원입니다. 이것도 25년 동안 조퇴나 사고 없이 계속 근무했을 때나 가능한 금액입니다.

한데 노후생활에 필요한 자금은 부부당 최소 5억 원 정도라고 합니다. 결국 우리가 보유한 수단으로는 부자는커녕 보통 수준의 노후생활도 불가능합니다.

이제라도 방법을 보완하거나 아예 방법을 바꿔야 합니다. 이것은 선택의 대상이 아닙니다.

신분 상승을 위해서는 3대에 걸친 집중적인 노력이 필요하다고 합니다. 우리는 부모님 세대 이후 자산형성 단계에 놓여 있습니다. 이는 우리가 만약 1세대가 만든 결과치를 즐기는 일에 치중하면 결국 가난을 세습할 수밖에 없다는 의미입니다.

1세대란 먹고사는 생계 해결 문제가 가장 시급했던 우리네 부모님 세대를 말합니다. 이들은 배고픔을 참아가며 밤늦도록 일하는 것은 물론 어떻게든 자식을 교육시키기 위해 전력을 다한 세대입니다.

2세대는 1세대의 희생을 기반으로 살아가는 세대로 1세대가 구축한 약간의 풍요를 즐기며 살아갑니다. 이 세대는 자산을 형성하고 꿈과 지혜를 배워 신분 상승의 기틀을 마련해야 하는 세대라고 할 수 있습니다.

3세대는 2세대가 구축한 자산을 토대로 가치 있는 삶을 구현하는 세대입니다. 이때가 되어야 진정한 신분 상승을 이뤘다고 할 수 있습니다.

혹시 당신은 당신의 부모님이 했던 생계 해결 단계의 일을 하고 있지 않습니까? 생계 해결에 급급하면 자산을 형성할 수 없습니다. 이 경우 당신의 자녀도 당신과 똑같은 일을 할 확률이 높습니다. 이것을 이른바 '가난 세습'이라고 합니다.

6. 우리는 무엇을 선택할 수 있을까

우리는 살아가는 데 필요한 모든 것을 가질 수는 없습니다. 이 때문에 생겨나는 것이 바로 욕구불만과 스트레스죠. 당신은 삶의 스트레스를 해소하기 위해 다음 중 어떤 선택을 하고 있습니까?

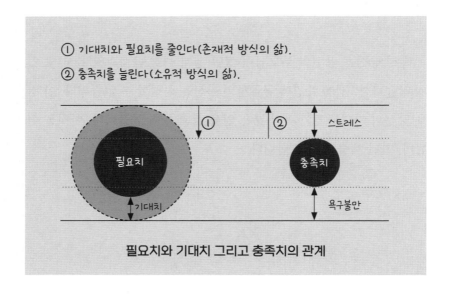

필요치와 기대치 그리고 충족치의 관계

흔히 제도권 교육에서는 과욕을 버리고 살아가도록 ①의 방법을 가르칩니다. 물론 기대치는 감출 수 있습니다. 하지만 요즘처럼 지출 요인이 많은 세상을 살아가면서 필요치를 줄이기는 어렵습니다. 오히려 필요치는 시간이 지남에 따라 늘어나는 경우가 많습니다.

예를 들어 마케팅이란 이름으로 무장하고 소비 욕구를 자극하는 행위는 날이 갈수록 고도화하고 있습니다. 특히 빅데이터 기술을 접목한 마케팅은 소비자 한 사람, 한 사람에게 교묘하게 접근합니다. 그 탓에 본인의 의지와 무관하게 지출 규모는 커져만 갑니다. 종교인이거나 특별히 세상을 등지고 살아가지 않는 한 이를 피하기는 힘듭니다.

당연히 참을 수도 있겠지요. 그렇지만 그에 따른 스트레스까지 참을 수는 없습니다. 결국 충족치를 늘리는 방법이 가장 현실성 있는 선택일 겁니다.

$$행복지수 = \frac{정신적\ 물적\ 충족치}{물적\ 필요치 + 정신적\ 기대치} \times 100$$

행복지수를 높이는 방법은 무엇일까요? 충족치를 고정값으로 둔다고 가정하면 필요치와 기대치를 낮춰야 합니다. 또 다른 방법으로는 충족치를 높이고 계속해서 기대치를 키우는 것도 있습니다.

당신 인생의 기준을 높이십시오.

1 + 1 = 2입니다. 이런 결과가 마음에 들지 않으면 '1 + 9 = 10'의 방법을 택해야 합니다. 즉, 충족치를 높이는 방법을 선택해야 합니다.

7. 고령화 사회는 피할 수 없는 재앙이다

고령화 사회란 65세 이상 인구가 전체인구의 7% 이상을 차지하는 사회를 말합니다. 우리나라는 2000년에 그 비율이 7.2%를 넘어서면서 고령화 사회로 접어들었습니다. 더구나 2026년에는 그 비율이 20%가 넘어 초 고령화 사회가 될 전망입니다.

또한 인구의 노령화 정도를 나타내는 노령화 지수는 유소년 100명당 노인인구 비율을 말하는데, 이것이 갈수록 높아지고 있습니다. 이는 향후 심각한 사회문제가 발생할 수 있음을 예견해 주는 수치입니다.

한국은 2000년만 해도 노령화 지수가 34.3%였으나 2030년에는 이것이 186.3%에 이를 것으로 보입니다. 실제로 1970년대에는 12명이 노인 한 명을 부양했으나 2030년에는 2.4명이 노인 한 명을 부양해야 한다고 합니다.

2021년 한국 출산율은 부부당 0.81인으로 OECD 국가 중 꼴찌 수준입니다. 참고로 2019년 기준 OECD 회원국 평균 합계출산율은 1.61인이었습니다. 한국에서는 결혼한 부부 한 쌍이 자녀 한 명도 낳지 않는 셈이니 자녀에게 부양을 기대하기는 힘든 상황입니다.

국민연금이 노후에 대안이 될 수 없는 이유가 여기에 있습니다. 납입자보다 수급자가 더 많은데 연금을 기대하는 것은 어리석은 일입니다.

우리가 노후 대책을 세워야 하는 이유는 평균수명 증가 때문입니다. 평균수명을 보면 한국은 75.9세이고 일본은 82.5세, 이탈리아는 81.3세입니다.

한데 인간 게놈지도 완성으로 평균수명이 100세 이상으로 늘어날 전망입니다. 구글의 생명 연장 프로젝트를 진행하는 구글 자회사 칼리코는 인간 노화 유전자를 찾아냈다고 발표했습니다. 그 책임자는 이렇게 말합니다.

"우리는 단순히 인간의 수명을 몇 년 더 늘리려고 하는 것이 아닙니다. 우리는 불멸을 꿈꿉니다."

오래 사는 것과 관련된 기술의 발전 속도는 매우 빠릅니다. 반면 우리 삶의 방식에 관해 대안을 마련하는 속도는 매우 느립니다.

그리 오래지 않은 과거에 우리는 사오정(45세가 정년), 오륙도(56세까지 회사에 남아 있으면 도둑놈)라는 유행어를 들으며 쓸쓸해했습니다. 하지만 지금은 긱워커Gig worker(원하는 일을 원하는 시간만큼 자유롭게 일하는 방식), N잡러(직업이 여러 개인 사람) 같은 형태의 파트타임 일자리도 등장했지요. 물론 기대를 충족할 만한 일자리를 구하기는 여전히 쉽지 않습니다.

인생에서 3대 불행은 소년성공, 중년상처, 노년무전이라고 합니다. 그중에서도 가장 곤란한 것은 늙어서 돈이 없는 삶입니다. 알다시피 우리의 라이프사이클을 보면 30년 공부하고 20년 벌어서 40년을 더 살아야 합니다.

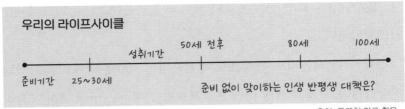

우리의 라이프사이클

성취기간   50세 전후   80세   100세

준비기간   25~30세   준비 없이 맞이하는 인생 반평생 대책은?

출처: 통계청 자료 활용

노후 40년을 위해 당신은 어떤 준비를 하고 있습니까?

8. 출산율 저하와 인구절벽

출생연도와 출생자 수 추이

출생년도	출생자수	출생년도	출생자수	출생년도	출생자수
1970년	1,006,640명	1987년	629,432명	2004년	476,052명
1971년	1,024,770명	1988년	637,462명	2005년	438,062명
1972년	955,438명	1989년	646,197명	2006년	451,514명
1973년	967,647명	1990년	658,552명	2007년	493,189명
1974년	924,311명	1991년	718,279명	2008년	465,892명
1975년	874,869명	1992년	739,291명	2009년	444,849명
1976년	797,462명	1993년	723,934명	2010년	470,171명
1977년	827,079명	1994년	728,515명	2011년	471,265명
1978년	752,409명	1995년	721,074명	2012년	485,550명
1979년	864,297명	1996년	695,825명	2013년	436,455명
1980년	865,350명	1997년	678,402명	2014년	435,435명
1981년	880,310명	1998년	642,972명	2015년	438,420명
1982년	858,832명	1999년	616,322명	2016년	406,300명
1983년	778,362명	2000년	636,780명	2017년	357,800명
1984년	682,217명	2001년	557,228명	2018년	326,900명
1985년	662,510명	2002년	494,625명	2019년	303,054명
1986년	641,644명	2003년	493,471명	2020년	275,815명

출처: 통계청 자료 활용

통곗값이 한눈에 들어오지 않더라도 관심을 갖고 표를 살펴보기 바랍니다. 당신이 몇 년에 출생했고 또래가 몇 명인지 확인해 보십시오. 한때 1년에 백만 명씩 태어나던 시절도 있었습니다.

그러나 최근에는 매년 20만 명대가 태어납니다. 참고로 대학교 입학정원은 45만 명이 넘습니다. 고용노동부는 출산율 감소로 2030년까지 생산가능인구(16~64세)가 300만 명 넘게 감소할 것이라고 발표했습니다.

지금 청년들 일자리가 부족하다고 합니다. 이는 산업구조 자체에 일자리가 줄어들고 있기도 하지만 현재 취업전선에 들어오는 세대가 70만 명대에 출생한 사람들이기 때문입니다.

이제 얼마 지나지 않으면 40만 명대로 줄어듭니다. 그때도 취업난이 심각할까요? 아마도 그쯤 되면 오히려 인력난에 허덕일 것입니다. 결국 한국은 해외인력을 대거 받아들이거나, 정년을 연장하거나, 경력이 단절된 여성인력을 활용하는 등의 노력을 기울일 수밖에 없습니다.

앞으로는 일자리가 없어서 고민하는 일은 사라질지 모릅니다. 아무리 4차 산업혁명으로 일자리가 감소한다고 해도 한국은 절대인구가 부족하기 때문입니다. 그야말로 인구절벽입니다. 물론 일의 형태가 달라지겠지만 일자리가 달라지는 문제는 일자리를 처음 갖는 사람에게는 큰 문제가 아닙니다. 기존 일을 하던 사람에게는 문제이겠지만 말입니다.

설령 지금부터 협심해서 출생률을 높일지라도 그 효과는 15년이 지나야 볼 수 있습니다. 결국 우리는 어쩔 수 없이 20년 이상 인구절벽 시대를 살아가야 합니다.

그러면 직업 선택에서 중요하게 작용할 기준은 뭘까요? 그것은 생계 수단으로서의 직업이 아니라 내가 하고 싶은 일로서의 직업입니다. 이미 그런 현상이 나타나고 있습니다. 그 점에서 인구절벽을 어떻게 바라봐야 할지 각자 생각해 보십시오.

부동산은 어떻게 될까요? 학교는 어떻게 되고, 지방은 어떻게 될까요? 앞으로는 가족 구성원이 많은 것이 커다란 경쟁력으로 작용할 것입니다. 지금도 수도권에서 아파트를 분양받을 때 다자녀 가구가 훨씬 더 많은 혜택을 봅니다. 출생율 저하를 걱정이라고 말하는 사람은 인구감소로 자신의 자신이 붕괴될 위험에 처한 사람들입니다. 지금 청소년들의 입장에서 보면 그리 심각할 일도 아닌 것입니다. 치열한 입시 지옥에서 해방입니다. 취업안에서 해방입니다. 주거비용이니 기존 시설이용료가 저렴해질 겁니다. 지옥철로 부터의 해방이고 교통체증의 소멸일 뿐입니다. 그렇다면 나는 어떤 대책을 가지고 있습니까?

이제 우리는 내가 살고 싶은 삶을 명확히 해야 합니다. 특히 생계를 가장 중요한 판단 기준으로 삼지 않아야 합니다. 그보다는 자신의 꿈을 제대로 설계해서 그것을 삶의 기준으로 삼아야 합니다.

4장

어떻게 해야 할까

4장
어떻게 해야 할까

지금까지 여러 가지 팩트 중심의 통계값을 살펴보았습니다. 이런류의 통계값을 처음 듣는 것은 아닐겁니다. 그것이 문제입니다. 늘 들었던 이야기는 지금 이순간 당신에게 아무런 느낌으로 다가서지 않을 것입니다. 무감각해진 것입니다. 무감각이 고통보다 무서운 것입니다. 왜냐하면 대책을 세우지 않을 것이고 결국 앞에서 읽었던 개구리 이야기의 당사자가 되는 것이기에 그렇습니다.

20세기 최고의 천재로 평가받는 아인슈타인은 이렇게 말했습니다. "똑같은 일을 반복하면서 다른 결과를 기대하는 것은 미친 짓이다." 그렇습니다. '아니다' 싶으면 방법을 바꿔야 합니다. 그 방법을 바꾸는 과정 중에 잠시 불안할 수도 있습니다. 그러나 잠시의 편안함을 위해 더 큰 미래의 불안을 숨기며 살 수는 없습니다.

실수하는 것은 문제가 아닙니다. 실패하는 것도 문제가 아닙니다.

하지만 동일한 실수와 실패를 하는 것은 문제입니다.

다양한 실수나 실패는 성공의 데이터이지만, 동일한 실수와 실패는 어리석음의 데이터입니다. 지금까지 해온 것과 똑같은 방법으로 행하면서 더 나은 결과를 기대하는 것은 동일한 실수에 속합니다.

1. '그냥 그렇게 살지 않겠다'고 결심해야 한다

자기 자신을 신뢰하는 것은 운명에 맞설 힘을 줍니다.

자존심과 자존감은 다릅니다. 유능감과 효능감이 다른 것처럼 말입니다.

자존심은 남과 비교하면서 생기는 것이고 자존감은 자기 스스로 느끼는 것입니다. 자기 효능감self efficacy은 스스로에게 믿음과 신뢰를 보내면서 '난 이걸 해낼 수 있는 사람이야'라고 생각하는 것을 말합니다. 이와 달리 자기 유능감self competence은 어떤 일을 해낼 수 있다고 자각하는 것, 즉 '나는 이걸 잘하지'라는 느낌을 의미합니다.

어쨌거나 '나는 이렇게 살다가 갈 사람이 아니다'라고 믿는 게 중요합니다. 그리고 다음과 같은 신념을 자신의 무의식 속에 계속 집어넣으며 최면을 걸어야 합니다.

"이렇게 살다가 가는 것은 너무 억울하다."

"나는 이렇게 살다가 갈 사람이 아니야."

"어차피 한 번 사는 인생이라면 왔다 간 흔적은 남겨야지."

"나는 대단한 사람이지."

"나는 운이 좋은 사람이니 다 잘될 거야."

내 무의식은 내가 그렇게 행동하도록 유도한다고 합니다.

만약 '나는 안 돼'라고 생각하면 모든 세포와 근육이 안 되는 쪽으로 작동합니다. 반대로 '나는 할 수 있어'라고 생각하면 무의식은 그 일을 할 수 있도록 에너지와 기운을 내는 쪽으로 작동합니다.

이것을 믿든 믿지 않든 중요한 것은 실천해서 손해 볼 것은 없다는 점입니다. 그러니 이왕이면 자존감을 갖는 것이 좋지 않을까요?

자신이 스스로를 믿지 않는데 다른 사람이 믿어줄 리는 만무합니다. '하면 된다'가 아니라 '해야 한다'로 생각을 바꾸십시오. '해야 된다'가 아니라 '나는 하고야 만다'로 바꾸십시오.

2. 결단해야 한다. 내 인생은 내가 사는 거라고

내 뜻대로 살지 않으면 남의 뜻대로 살게 됩니다.

이룰 수 없는 꿈을 꾸고,

이뤄질 수 없는 사랑을 하고,

이길 수 없는 적과 싸우고,

견딜 수 없는 고통을 견디고,

잡을 수 없는 저 하늘의 별을 잡자.

— 세르반테스의 소설 《돈키호테》 중에서

명령에 따라 살 것인가, 스스로의 명분에 따라 살 것인가?

주인의식을 가지고 살 것인가, 주인을 의식하며 살 것인가?

잘 살고야 말겠는가, 잘 살면 좋겠는가?

위의 글을 소리 내 반복해서 읽어봅시다. 어느 한 문장에라도 마음이 머문다면 당신은 가슴속에 '그냥 그렇게 살다 갈 수 없는 이유'가 있는 사람입니다.

내 안의 또 다른 내가 그렇게 반응하는 것이니까요. 그 또 다른 나를 외면하며 살아가는 것은 죄악입니다.

그러한 반응에 따라 결단해야 합니다. 자신이 버려야 할 것, 멀리해야 할 것을 찾아내 삭제하고 시간과 에너지를 당신 자신의 삶을 위해 배우는 데 투자하십시오.

버려야 할 것과 멀리해야 할 것을 예로 들면 다음과 같습니다.

버려야 할 것: TV, 유튜브, SNS, 음주, 불필요한 수다, 과다한 수면시간 등
멀리해야 할 것: 과거를 말하는 사람, 책을 읽지 않는 사람, 부정적인 사람, 인맥을 자랑하는 사람 등

3. 지금의 결과가 맘에 들지 않으면 누르는 지점을 바꾼다

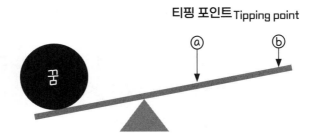

티핑 포인트Tipping point란 선형적이던 증가 속도가 비선형적으로

급증하기 시작하는 지점을 말합니다. 그때부터 잘 풀리지 않던 인생이 갑자기 잘 풀리는 사람이 있습니다. 그들의 공통점은 의식적이든 무의식적이든 누르는 지점을 바꿨다는 것입니다.

여기서 우리는 아인슈타인의 말을 다시 한번 상기할 필요가 있습니다. 지금껏 해온 방식으로 다른 결과를 기대하는 것은 어리석은 일이니까요.

당신 자신의 꿈을 실현하기 위해 어디를 누르고 있나요?

아마도 당신은 지렛대 원리를 알고 있을 겁니다. 지렛대 축에서 누르는 지점까지의 거리는 가하는 힘에 반비례합니다. 거리가 짧을수록 힘이 두 배로 더 드는 겁니다.

만약 ⓐ 지점을 누르고 있다면 이제 ⓑ 지점으로 바꿔야 합니다. ⓑ 지점으로 옮겨간 다음에는 ⓐ 지점을 놓아야 합니다. 그 순간 그나마 내가 유지하고 있던 균형이 무너집니다. 우리는 바로 그것을 두려워합니다. 그래서 ⓐ 지점을 놓지 못합니다.

결국 꿈을 땅에 내려놓거나 꿈의 크기를 줄이는 방법과 타협합니다. 어떤 경우에는 평생 그 지점만 누르다가 힘을 다 소진하고 꿈을 바닥에 내동댕이칩니다.

내 꿈을 들어 올리기 위해서는 누르고 있는 만큼을 포기해야 합니다. 그러나 방법, 즉 누르는 지점을 바꾸면 당신의 꿈을 들어 올릴 수 있습니다. 들어 올릴 수 없는 곳에서는 아무리 노력해도 소용이 없습니다. 결국에는 지쳐서 쓰러지고 말 것입니다. 마치 늑대가 이누이트가 설치한 칼날을 핥다가 과다 출혈로 쓰러져 죽는 것처럼 말입니다.

ⓐ 지점에서 ⓑ 지점으로 옮겨가는 보다 안정적인 방법을 공학적으로 생각해 봅시다. 우선 옮겨가는 순간 내가 그동안 들어 올리고 있던 꿈이 내려가지 않도록 꿈 밑에 받침대를 만드는 방법이 있습니다. 또한 내가 ⓐ 지점을 놓고 ⓑ 지점으로 옮겨가는 순간 누군가가 ⓐ 지점을 눌러주는 것도 하나의 방법입니다.

이를 우리의 현실에 대입해 봅시다. 우리는 직장생활로는 부자가 될 수 없습니다. 자영업으로는 시간을 확보할 수 없습니다. 이는 우리가 처한 부인할 수 없는 사실입니다.

결국 우리는 누르는 지점을 바꿔야 합니다. 만약 그것이 싫다면 부자가 되는 것을 포기하고 매사에 감사하는 방법을 배우며 살아가는 것이 좋습니다.

한 가지 더 기억해야 할 것이 있습니다. 그것은 변화할 때의 고통보다 변화당할 때의 고통이 훨씬 더 크다는 점입니다. 우리는 이 사실을 인정해야 합니다.

4. 꿈을 되찾고 계획을 세워야 한다

동기부여가이자 컨설턴트인 존 퍼먼John Fuhrman은 이렇게 말했습니다. "실제 문제는 가야 할 방향을 정하지 못하고 있다는 것인데, 그럴 때 사람들은 시간이 부족하다며 불평한다."

사막을 걸을 땐 별을 보며 걷습니다.

별에 도착할 순 없습니다.

그러나 목적지에 도착할 수는 있습니다.

그런 까닭에 성공은 과정이라고 말합니다.

그렇습니다.

꿈을 가져야 합니다.

아니, 되찾아야 합니다.

꿈은 이루는 것보다 갖는 것이 더 어렵다고 합니다.

가질 수만 있다면 그리고 그 꿈을 볼 수만 있다면 꿈은 이뤄지지요.

2박 3일 여행을 가도 계획을 세웁니다. 초등학생이 방학을 해도 계획을 세웁니다. 10만 원짜리 물건 하나를 사는 데도 그 나름대로 계획과 검토 과정을 거칩니다.

하물며 인생에 관한 꿈과 계획이 없다는 게 말이 됩니까?

더 나은 삶을 원하고, 그것을 이룰 수 있다는 사실을 알고, 당신의 꿈을 추구하기 시작하면 처한 환경이 원하는 방향으로 바뀌기 시작합니다.

내 꿈을 잃어버렸다고 말합니까, 아니면 내 꿈을 빼앗겼다고 말합니까?

앞으로는 빼앗겼다고 말하세요. 잃어버렸다는 것에는 '내 탓'이라는 전제가 깔려 있습니다. 당신은 누군가 혹은 사회구조의 문제로 꿈을 빼앗긴 것입니다.

다만, 빼앗아간 대상을 탓하지 말고 되찾으려 노력해야 합니다. 일제 강점기에 우리 민족이 어떻게 나라를 되찾을지 고민하지 않고 누군가를 탓하기만 했다면 우리는 아직도 식민 지배를 받고 있을지도 모릅니다. 우리 삶도 마찬가지입니다.

내 꿈이 무엇인지 모르겠다고 말하는 사람이 많습니다.

진행하다 실패해도 다시 일어설 수 있는 그 무언가가 꿈입니다.

실패가 곧 좌절과 포기로 연결된다면 그것은 가짜 꿈입니다.

남들에게 말했을 때 상대가 비웃는다면 그것은 진짜 꿈입니다.

생각하면 가슴이 두근거리는 것이 진짜 꿈입니다. 지금의 내 여건이나 조건과 무관하게 되고 싶은 것, 하고 싶은 것이 꿈입니다. 내 여건에서 현실과 적당히 타협한 것은 가짜 꿈입니다. 가짜 꿈은 가슴을 뛰게 하지 않고 또다시 타협하게 만듭니다.

5. '무엇을 할지'가 아니라 '무엇을 하지 않을지'를 결정한다

우리는 하지 말아야 할 일을 하면서 정작 중요한 일을 놓치고 있는지도 모릅니다. 그러므로 무엇을 할지 고민하기 전에 무엇을 하지 말아야 할지 결정해야 합니다. 선택은 곧 삭제하는 것입니다(choice = delete).

하지 말아야 할 일을 정하는 방법에는 두 가지가 있습니다.

첫 번째는 《성공하는 사람들의 7가지 습관》의 저자 스티븐 코비의 시간관리 방법입니다.

먼저 하루의 일과를 30분 간격으로 기록합니다. 그중에서 급하지도 않고 중요하지도 않은 것에 투자한 시간을 확인합니다. 그리고 그런 일을 중단합니다. 그 시간만큼을 중요한데 급하지 않은 미래를 준비하는 일, 즉 내가 꿈꾸는 일에 씁니다.

두 번째는 세계적인 투자자 워런 버핏의 방법입니다.

우선 내가 하고 싶은 일을 열 가지 적습니다. 그중 당장 하지 않아도 되는 일을 세 가지 지웁니다. 그런 다음에는 나머지 일곱 가지 중에서 굳이 하지 않아도 되는 일 세 가지를 지웁니다. 그 나머지 네 가지 중에서 그래도 나머지 하나를 위해 포기해야 하는 일 세 가지를 지웁니다.

그렇게 해서 남은 한 가지 일에 집중합니다. 이미 포기한 아홉 가지 일은 그 한 가지를 이룬 다음에 다시 고민합니다.

결국 내게 필요한 것은 하지 말아야 할 것을 하지 않는 겁니다. 이것을 흔히 비운다고 하지요. 비워야 채울 수 있습니다.

선택은 업그레이드가 아닙니다. 즉, 무언가를 추가하는 것이 아닙니다. 선택은 하지 말아야 할 것을 지워가는 행동입니다.

무엇을 하지 않을 것인가를 먼저 정하면 무엇을 해야 할지는 정해지는 것입니다.

6. 5%의 생각으로 변화하고 95%의 생각을 버린다

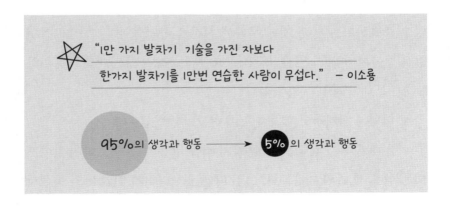

"1만 가지 발차기 기술을 가진 자보다

한가지 발차기를 1만번 연습한 사람이 무섭다." – 이소룡

95%의 생각과 행동 ⟶ 5%의 생각과 행동

생각은 결심과 함께 훈련을 통해서 바뀝니다. 5층짜리 아파트 옥상에 올라가서 바라보는 세상과 25층짜리 아파트 옥상에서 바라보는 세상 그리고 산 정상에 올라가서 바라보는 세상은 다릅니다. '대충 그럴 것이다'라고 생각할지도 모르지만 분명 다릅니다.

선박왕 오나시스는 자신의 생각을 바꾸기 위해 일주일 동안 일해서 번 돈을 부자들이 가는 레스토랑에서 한 끼 식사비로 기꺼이 지출했다고 합니다. 부자들의 얘기를 듣고 행동을 보면서 자신의 생각을 바꾸려 했던 것이지요. 듣고 보는 것이 다르면 느끼는 것 또한 다른 법입니다.

현대그룹 정주영 회장은 소양강댐을 막을 경우, 한강 수위가 낮아질 것을 예측하고 그때 드러날 땅을 조사했습니다. 그렇게 찾아낸 곳이 바로 여의도입니다. 그는 경부고속도로를 건설할 때 그 도로를 달릴 차를 만들 결심을 했고, 차를 만들면서는 그 차를 세계로 실어나를 배를 만들 생각을 했다고 합니다.

그렇지만 우리가 정작 배워야 할 것은 돈이 되는 아이템이 아닙니다. 실질적으로 배워야 하는 것은 성공한 사람들의 생각입니다.

10억 빚더미의 여공의 삶에서 영국 3백위권 부자가 된 웰씽킹의 저자 켈리최는 부자들의 생각을 배우기 위해 성공자들이 쓴 100권의 책을 씹어 삼켰다고 말합니다.

우리가 살아가는 사회는 분명 계층구조로 이뤄져 있습니다. 각 계층에서 바라보는 세상은 당연히 다릅니다. 그러므로 내가 도달하고자 하는 곳에 있는 사람들이 어떤 각도로 세상을 바라보는지 알고 배워야 합니다.

무언가를 배울 때 가장 우선시해야 하는 것은 지금의 내 생각을 버리는 일입니다. 버리지 않고 채우려 하면 기존의 생각이 저항합니다. 지금껏 해온 방법으로 얻은 결과가 마음에 들지 않을 경우 그 방법을 미련 없이 버려야 합니다. 버려야 새로운 것이 들어올 공간과 틈이 생깁니다. 물론 버리려고 하면 아까울 겁니다. 그것도 자기 나름대로 애쓴 결과일 테니 말입니다.

그럼 여기서 95%와 5%의 생각 유형을 살펴봅시다.

95%와 5%의 생각 유형

구분	95%	5%
불을 보면	쬔다	피운다
돌다리	두드려보고 안 건넌다 (자신의 선택과 판단을 불신한다)	두드려보고 건넌다
결과 도출 방식	말	행동
주로 하는 자랑거리	주량, 주변 사람	독서량
의지 표현	난 하고 싶어	난 할 거야
행동 시점	나중에	지금
내 위치	number one	only one
평가 기준	볼륨	밸류

구분	95%	5%
행동 방식	생각한 후 뛴다	뛰면서 생각한다
초점	조직, 체계	사람
사고 방향	know how, how, when	know where, why, what
구름을 보면	비 생각	태양 생각
낯선 장소	관광	여행

지금의 결과가 내 실력으로 만든 것이라면 그것은 언제든 다시 만들 수 있지 않을까요? 만약 다시 만들 수 없다면 그것은 내 실력이 아니라는 증거입니다. 내 실력으로 만들지 않은 것을 붙잡고 있으려 하니 직장인들은 날마다 불안한 것입니다

유명한 영화배우 이소룡은 이런 말을 했다고 합니다.

"1만 가지 발차기를 연습한 사람이 무서운 게 아니라 한 가지 발차기를 1만 번 연습한 사람이 무섭다."

같은 맥락에서 우리는 어떤 경지에 올라선 사람들의 생각을 배워야 합니다. 내가 일하고 있는 곳에서 그 나름대로 경지에 올라선 사람은 내게 자신의 생각을 가르쳐주지 않습니다. 어쩌면 우리는 매일 비슷한 수준의 생각을 하면서 서로 맞는다고 주장하며 살아가고 있는지도 모릅니다.

그런데 그 생각의 결과는 정말 솔직합니다. 5년 후는 5년 선배가 살아가는 모습이고, 10년 후는 10년 선배가 살아가는 모습입니다. 어떻

습니까? 배우고 싶습니까?

내가 하는 일의 10년이나 20년 선배가 살아가는 모습이 마음에 들지 않으면 지금부터 그들의 생각이 아닌 5%의 생각으로 바꾸기 연습을 시작해야 합니다.

7. 성공자의 습관을 몸에 익힌다

요즘 '루틴'이란 말이 유행하고 있습니다. 이것은 일정하게 반복하는 연속 동작으로 습관과 달리 어느 정도 의지와 노력이 필요한 행동을 말합니다. 의도해야 할 수 있는 일과 습관처럼 인지하지 않고 자연스럽게 할 수 있는 일의 성과는 그 차이가 아주 큽니다.

어쨌거나 루틴은 반복으로 만들어지고 그 반복은 연습으로만 가능합니다. 꾸준한 연습을 위해 필요한 것이 바로 규칙이며 그 규칙을 지키려면 환경이 따라주어야 합니다.

과연 루틴을 위한 행동의 지속성은 어떻게 확보해야 할까요?

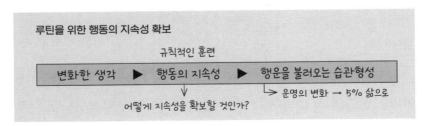

루틴을 위한 행동의 지속성 확보

규칙적인 훈련

변화한 생각 ▶ 행동의 지속성 ▶ 행운을 불러오는 습관형성

어떻게 지속성을 확보할 것인가?   운명의 변화 → 5% 삶으로

우리가 초등학교 6년, 중고등학교 6년, 대학 2 ~ 6년을 꾸준히 다닐 수 있었던 것은 학교라는 환경과 프로그램이 있었기 때문입니다. 미국의 동기유발 전문가 브라이언 트레이시는 이렇게 말했습니다.

"성공한 사람들은 단지 성공하는 습관이 있는 사람들일 뿐이다."

최근에 많은 사람이 PT Personal tranning를 받으려고 하는 이유도 여기에 있습니다. 헬스장에 열심히 다니겠다는 의지보다 전문 트레이너에게 비싼 돈을 주고 자신을 그 환경 속에 두는 것이 훨씬 더 성과가 크다는 것을 인정하기 때문입니다.

무엇이든 성과를 내는 것에서 의지와 환경이 얼마나 중요한가 하는 논란이 불거진 지는 꽤 오래되었습니다. 그 답은 습관화할 때까지는 자신을 '할 수밖에 없는 환경' 속에 놓아두는 것이 좋다는 겁니다. 맹자의 어머니가 세 번 이사한 것이나 강남의 아파트값이 비싼 것은 환경의 중요성을 말해주는 대표적인 사례입니다.

마찬가지로 5%의 생각을 꾸준히 행동으로 옮기려면 5%의 삶을 살고 있거나 5%의 삶을 살고자 하는 사람들과 어울리고 또 그 환경에 머물러야 합니다. 안타깝게도 보통 사람이 그런 환경을 누리는 경우는 많지 않습니다.

지금부터라도 만나는 사람을 바꾸십시오. 지금 당신이 만나는 사람이 다음과 같은 유형에 속하지 않는지 살펴보십시오.

- 자신의 미래와 관련해 아무 생각이 없는 사람
- 책을 읽지 않는 사람
- 말만 하는 사람
- 남을 욕하고 불평불만만 늘어놓는 부정적인 사람
- 과거 이야기만 하는 사람

이러한 유형은 그냥 만나지 마십시오. 만나는 사람을 과감히 바꾸십시오. 바꾼다는 것은 곧 비운다는 의미입니다. 비워야 새로운 것으로 채울 수 있습니다.

비운다는 것은 지금 내가 가진 것을 포기한다는 뜻입니다.

8. 내가 서 있는 위치를 정확히 인지한다

종합부동산세 대상도 아니면서 부동산세 올라가는 것에 화내시나요?

객관적 평가도 안 해보고 중산층이라고 생각하시나요?

지금의 방법으로 살다보면 나도 부자가 될 거라고 생각하시나요?

오징어게임이라는 영화에서 참가자 456명이란 숫자는 1부터 10까지의 숫자중에 딱 중간에 위치한 숫자입니다. 사람들은 대부분 자기가 중간은 간다고 생각합니다.

1년에 책 한권도 읽지 않는 사람도 1년에 100권 읽는 사람과 있으면 평균 독서량이 50권이 됩니다. 나의 소득수준은 하위권에 있지만 국민소득이 3만불을 넘어가면 자신도 그정도는 되는 줄 압니다. 모두 착각입니다.

자신의 위치를 정확히 모르는 사람을 우리는 조난당한 사람이라 합니다.

우리나라에서 종합부동산세를 납부하는 사람은 대략 국민의 1.5%입니다. 조세 부담률은 GDP 대비 약 20% 초반이지만 세금을 한 푼도 내지 않는 사람이 40% 정도입니다. 이해할 수 없는 것은 세금을 한 푼도 내지 않는 이들이 국가의 세금정책에 불만이 더 많다는 점입니다.

2021년을 기준으로 할 때 이자와 배당소득이 2,000만 원 이상인 사람은 20여만 명입니다. 이는 현금 정기예금 기준으로 약 6억 원에 해당하는 이자소득입니다. 이들이 전체인구의 약 0.25%입니다. 금융자산이 10억 원 이상인 사람은 대략 40만 명 수준으로 전체인구 대비 1%도 되지 않습니다.

이 데이터값은 수시로 변하지만 한 가지만큼은 분명합니다. 자산규모 1%에 드는 것은 그리 어려운 일이 아니라는 겁니다.

공부를 해서 1%에 들어보았나요? 운동을 해서 1%에 들어보나요? 아니면 다른 어떤 것으로라도 1%에 들어본 적이 있나요? 당신 자신에게 물어보십시오. 이런 질문을 하다 보면 상대적으로 자산이나 소득으로 1%에 드는 것은 쉬워 보입니다.

그런데도 왜 우리는 그 1%에 들지 못하는 걸까요? 이 질문은 우리에게 수단 선택의 문제를 던져줍니다.

타조는 평야에서 맹수나 사냥꾼을 만나면 모래 속에 머리를 파묻고 숨었다고 여깁니다. 이를 타조증후군이라고 하지요. 마찬가지로 아이들도 두 손으로 자기 얼굴을 가리고 숨었다고 생각합니다. 자기가 못 보니까 남들도 자기를 못 볼 거라고 생각하는 겁니다.

이와 유사하게 우리는 세금을 한 푼도 내지 않는 사람이 조세 부담률을 걱정하는 경우를 봅니다. 또한 종합부동산세 해당자도 아니면서 부동산세가 올라가면 화를 내는 사람도 있습니다.

도대체 어떤 세뇌를 받았기에 이렇게 행동하는 걸까요?

어른은 다를 거라고요? 천만에요. 어른도 자신이 모르는 것은 존재하지 않는다고 생각합니다. 현실에 눈을 감는 편법으로 행복해질 수 있을 거라는 착각에 빠져 살기도 합니다.

우리는 자신의 위치가 드러날 것이 두려워 눈을 가리는 어리석음에서 빨리 벗어나야 합니다. 자신이 어느 위치에 있는지 정확히 인지하고 인정해야 앞으로 나아갈 수 있으니까요.

왜 그토록 많은 사람이 평생 자산규모 1%에 들어가는 것에 실패했을까요? 그것은 1%에 드는 것이 불가능해서가 아니라 잘못된 수단으로 그 목표에 도달하려 했기 때문인지도 모릅니다.

당신 자신에게 물어보십시오. 나는 지금 어디에 있는가? 그리고 어디로 가려고 하는가?

다음 표는 학자금 지원구간 경곗값입니다. 당신이 몇 구간에 해당하는지 스스로 진단해 보기 바랍니다.

2022년 1학기 학자금 지원구간 경곗값

구분	2019년	2020년	2021년	기준 중위소득 비율
1구간	1,384,061원(이하)	1,424,752원(이하)	1,462,887원(이하)	30%
2구간	2,306,768원(이하)	2,374,587원(이하)	2,438,145원(이하)	50%
3구간	3,229,475원(이하)	3,324,422원(이하)	3,413,403원(이하)	70%
4구간	4,152,182원(이하)	4,274,257원(이하)	4,388,661원(이하)	90%
5구간	4,613,536원(이하)	4,749,174원(이하)	4,876,290원(이하)	100%
6구간	5,997,597원(이하)	6,173,926원(이하)	6,339,177원(이하)	130%
7구간	6,920,304원(이하)	7,123,761원(이하)	7,314,435원(이하)	150%
8구간	9,227,072원(이하)	9,498,348원(이하)	9,752,580원(이하)	200%
9구간	13,840,608원(이하)	14,247,522원(이하)	14,628,870원(이하)	300%
10구간	13,850,608원(초과)	14,247,522원(초과)	14,628,870원(초과)	–

출처: 통계청 자료 활용

표를 보면 월 500만 원 정도면 중위권입니다. 과연 이 수입으로 중산층이라 할 수 있을까요? 만약 이 정도를 할 수 없는 이유가 소득 때문이라면 당신은 중산층이라는 착각 속에 살고 있는 것입니다.

나를 객관적으로 평가하는 것은 두려운 일입니다. 학생이 성적표를 받는 것처럼 말입니다. 그래서 후한 점수를 주기가 쉽습니다. 그러니 제 3자에게 처절하고 냉정하게 평가를 받아봐야 합니다. 챙피해서 오기가 생길만큼 냉혹하게, 그래야 변화할 수 있습니다. 적당히 위로가 섞인 말이나 내 뺄은 사람에게 평가를 의뢰하지 마십시오.

국가별 중산층 기준이 있어 소개합니다.

미국의 중산층 정의

- 자신의 주장이 떳떳할 것
- 사회적인 약자를 도울 것
- 부정과 불법에 저항할 것
- 그 외 테이블 위에 정기적으로 보는 비평지가 놓여 있을 것

영국 중산층

- 페어플레이를 할 것
- 자신의 주장을 확실히 할 것
- 신념을 가질 것
- 나만의 독선을 지니지 말 것
- 약자를 두둔하고 강자에 대응할 것
- 불의, 불평, 불법에 의연하게 대처할 것

프랑스 중산층

- 외국어를 하나 정도 구사하여 폭넓은 세계의 경험을 갖출 것
- 한 가지 분야 이상의 스포츠나 악기를 다룰 것
- 남들과 다른 맛을 낼 수 있는 별미 하나 정도는 만들어 손님 접대할 줄 알 것
- 사회봉사 단체에 참여할 것
- 남의 아이를 내 아이처럼 꾸짖을 수 있을 것

대한민국 중산층

- 30평 이상 아파트 부채 없이 소유
- 월 급여 500만원 이상
- 2000cc급 자동차 소유
- 현금 2억원이상 보유
- 1년에 한 차례 이상의 해외여행

발췌《오선균의 기적의 초등 독서법》중에서

중산층의 삶을 살아가는 것도 그리 녹녹한 것이 아니라는 사실을 인식한다면 지금의 사는 방식에 대해 전면 재검토 해봐야 할 것입니다.

9. 경제적 독립을 위한 방향을 결정한다

경제적 독립일 = 자본소득 > 노동수입

성공은 어떤 수단을 열심히, 제대로 할 때만 가능합니다.

누구나 열심히 살아갑니다. 하지만 부자가 되려면 열심히 하는 것에 더해 부자가 될 수 있는 수단을 선택해야 합니다. 부자가 될 수 없는 수단으로 부자가 되길 원하는 것은 부자가 되길 포기한 것이나 다름없습니다.

다음은 로버트 기요사키가 《부자 아빠 가난한 아빠》에서 말한 캐시 플로cash flow(현금 흐름)를 요약한 것입니다.

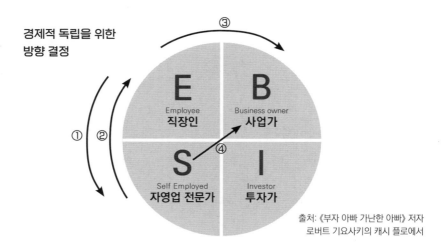

경제적 독립을 위한
방향 결정

③

E
Employee
직장인

B
Business owner
사업가

① ②

S
Self Employed
자영업 전문가

④

I
Investor
투자가

출처: 《부자 아빠 가난한 아빠》 저자
로버트 기요사키의 캐시 플로에서

[E분면] 직장인

- 안정된 직업으로 돈을 버는 사람: 샐러리맨
- 관심: 어떻게 해야 S분면으로 넘어갈 수 있을까?
- 시간을 팔아 돈을 버는 1차원적 수입
- 몸이 아프거나 노동 가치가 떨어지면 수입이 끊김

S분면으로 이동하고자 어학 공부, 학력 업그레이드, 목돈 마련 등 온갖 방법으로 노력하지만 이동하는 것 자체도 어렵고 설령 이동할지라도 E분면에서 느낀 시간의 구속에서 자유롭지 않습니다.

[S분면] 전문가

- 자기 일을 스스로 하는 사람
- 금전적 보상에서 철저히 독립적임
- 전문직 종사자(변호사, 의사 등)나 소규모 자영업자
- 남에게 일을 맡기길 꺼림. 자신의 노력으로 수입 창출
- 몸이 아프거나 일하지 못하면 수입을 기대할 수 없음
- "차라리 월급쟁이가 낫다"

이들 중 95%는 직장생활을 하는 것이 더 낫겠다고 말합니다. 그리

고 변호사, 회계사, 자영업자도 결국 스스로 노동하지 않으면 수입이 사라진다는 한계성에 봉착합니다.

[B분면] 사업가

- 똑똑한 피고용인을 찾으려 열심히 노력함
- 자기를 대신할 시스템이 있음: 시간으로부터 자유 확보 가능
- 자신이 직접 일하지 않아도 수입에 큰 지장이 없음

로버트 기요사키는 시스템을 갖추는 방법으로 세 가지를 제시합니다. '첫째는 시스템을 만들어라, 둘째는 시스템을 사라, 셋째는 네트워크 마케팅을 하라'입니다.

[I분면] 투자가

- 중요하게 생각하는 것: 투자
- 자기 기업을 운영하기보다 남의 기업에 투자하는 것을 좋아함
- 수입 창출원: 자산

투자가는 자신의 노동과 시간을 쓰는 데 자유롭습니다.

당신이 지금 어디에 있든 결국 종착점은 투자가 영역에 도달하는 것입니다. 투자가는 노동에 의존하지 않고 자산이 수입을 창출하는 구조를 갖추고 있습니다. 한마디로 이들은 노동수익보다 자본수익이 많은 파이어족FIRE, Financial independence Retire Early입니다.

노동수익보다 자본수익이 많아지는 날이 곧 경제적으로 독립하는 날입니다. 파이어족은 이것을 이룬 사람들이지요. 당신은 언제 경제적 독립일을 맞이하고 싶은가요? 또한 그 계획은 무엇인가요?

국가의 독립기념일은 기억하는데 나의 경제적 독립일은 언제입니까?

계획을 세우지 않았다면 지금 당장 계획서를 작성해야 합니다. 다른 사람을 위한 일에는 밤을 새워가며 계획서를 작성하면서 정작 내 삶을 위한 계획서는 등한시하는 게 아닌가요?

10. 자본주의의 원칙, 인정할 것은 인정한다

- 자본에서 멀어질수록 삶이 고달파진다.
- 자본주의 불변의 전제 : 자본의 불평등을 전제조건으로 한 이념
- 자본주의에서 이상 국가 : 불평등의 균형
  불평등을 깨지 않으려는 소수와 불평등을 평등으로 착각하는 다수가
  적절히 균형을 유지하는 나라

경제학의 아버지이자 최초의 근대적인 경제학 서적 《국부론》을 저술한 애덤 스미스는 이렇게 말했습니다.

"인간의 이기심이 국부를 증대한다."

세상이 불공평하다고 생각합니까? 그렇습니다. 세상은 정말로 불공평합니다. 부인하고 싶을지도 모르지만 이것은 사실입니다.

늑대가 양을 잡아먹는 것은 이상한 일이 아닙니다. 늑대가 양을 잡아먹지 않으면 어떻게 살겠습니까? 늑대가 풀을 뜯어 먹을 수는 없잖아요. 양의 신세가 자신과 비슷하다고 해서 늑대를 나쁘게 평가하는 것은 옳지 않습니다. 양에게 뜯어 먹히고 짓밟히는 풀 또한 그런 입장이기 때문입니다.

모두가 늑대가 되면 어떻게 되느냐고요? 그런 걱정은 하지 마십시오. 절대 그런 일은 없을 겁니다. 아무나 늑대가 될 수는 없습니다.

흔히 하늘은 공평하게 비를 내려준다고 말합니다. 사실은 그 비마저도 공평하지 않습니다. 처마 밑이나 담벼락 아래에 내린 비가 들판에 내린 비와 같을 수는 없습니다. 똑같이 비가 내려도 사막처럼 쑥쑥 흡수하는 곳이 아니면 홍수로 재난이 발생할 수도 있습니다.

자연조차 이러한데 하물며 인간 세상이 어떻게 공평할 수 있겠습니까. 다만 우리는 공정 측면에서 노력할 필요가 있는 것뿐입니다.

예를 들어 자본주의 사회에서는 '민주주의의 꽃'이라 부르는 각종 선거를 치릅니다. 이때 지방의원, 국회의원, 대통령이 내야 하는 공탁금이 서로 다른데 이를 두고 불평하는 사람은 아무도 없습니다. 그것은 이 사회가 자본의 불평등을 전제조건으로 구성·운영되고 있기 때문입니다.

그렇다고 늑대의 행동을 미화하지 말라고요? 이는 불평등을 지켜야 하는 사람들이 그 불평등을 평등으로 착각하게 만들고자 하는 말입니다. 우리는 이 사실을 직시해야 합니다.

앞서 말한 자본주의 붕괴와 대전환은 근본적으로 경쟁 배제를 말하지 않습니다. 이것은 경쟁으로부터 소외된 약자를 배려하는 것과 그들이 차별받지 않도록 하는 것을 말합니다. 다시 말해 자본주의가 어떤 형태로 전환되더라도 인간의 욕망이 충돌하는 부분에서 우열은 생길 수밖에 없음을 인정해야 한다는 의미입니다.

11. 더 벌기 위해 수입원을 다양화한다

아껴 쓰는 절약만으로는 내 삶이 나아질 수 없습니다. 그것은 현상을 유지하는 플랜에 불과합니다. 보다 나은 삶을 위해서는 절약과 함께 더 벌어야 합니다. 그러려면 시간을 파는 게 아니라 사야 하지요.

절약과 성장은 모순관계입니다. 성장이나 판매량 증가를 시도하는 기업이나 전문가들의 집요함은 갈수록 첨단화 됩니다. 반면에 절약이란 극도의 절제력이 발휘되어야 하는 개인의 영역은 날마다 욕망이란 유혹을 받습니다. 절약이 성장을 이길 수 없는 이유입니다. 때문에 추가수입이라는 성장전략이 필요한 이유입니다.

예를 들어 매출 다변화를 도모하지 않는 기업은 불경기라는 외적 환경 변화가 닥칠 경우 직접적으로 타격을 받습니다.

가정경제도 마찬가지입니다. 가령 맞벌이를 하면 설사 한쪽에 어떤 변화가 생겨도 외벌이보다 타격을 덜 받습니다. 또한 직장생활을 하면서 임대수익이나 이자수익, 기타 투자수입원이 있는 가정은 외부환경이 열악해져도 잘 견뎌냅니다. 아니, 견디는 것을 넘어 남보다 더 빨리 자산을 축적할 수 있습니다.

2022년 1월 취업포털사이트 알바천국이 〈한국경제신문〉 의뢰로

재직 5년 미만 직장인 107명을 조사한 결과, 응답자의 78.5%가 취업 후에도 아르바이트 병행을 고민하는 것으로 나타났습니다.

이들이 투잡을 고민하는 이유는 경제적인 문제가 가장 컸습니다. '직장 근로소득을 뛰어넘는 수익이 필요해서'라는 응답이 45.2%에 이르고, '취업 전 생각보다 연봉이나 실수령액이 적기 때문'이라는 응답도 39.3%에 달한 것입니다. 응답자 중 연봉 3천만 원 미만 소득자는 전체의 81.5%를 차지했습니다.

한 사람의 미래는 그가 사용하는 돈을 소비하는가, 아니면 투자하는가에 따라 달라진다고 합니다.

소비는 미덕이 아닙니다. 실제 미덕은 돈을 버는 것입니다. 소비가 미덕이라는 말은 국가 차원에서 소비를 진작하기 위해 만든 것일 뿐입니다. 그렇게 해서 높아진 경제나 기업의 영업이익은 개인에게 돌아가지 않습니다. 그 결과는 지금 우리가 알고 있다시피 불평등과 양극화입니다.

우리는 생각부터 바꿔야 합니다. 한 예로 휘발윳값이 리터당 10원 더 싼 주유소 앞에 줄을 서 있는 차량 행렬을 보십시오. 50리터를 주유하면 500원을 아끼는 셈인데 그 대기시간에 공회전으로 사라지는 돈이 500원이 넘습니다.

일상생활 곳곳에 이런 일이 많기 때문에 우리는 스스로를 돌아보고 생각을 바꿔나가야 합니다.

무언가를 모르는 것은 위험한 게 아닙니다. 내가 맞는다고 확신하는 것이 틀렸을 때 위험한 것이지요.

돈을 버는 것은 절약과 추가 수입에 따른 목돈 마련 그리고 투자의 순환구조로만 가능합니다. 실제로 미국 백만장자의 공통점은 소득의 20%를 반드시 재투자한다는 것입니다.

잘 생각해 보십시오. 학비는 소비입니까, 투자입니까? 세미나 비용은 소비입니까, 투자입니까? 책값은 소비입니까, 투자입니까? 이것은 모두 투자입니다. 그런데 투자는 더 벌어서 목돈을 만들어야 가능합니다.

목돈을 벌기 위해서는 시간을 팔지 말고 사야 합니다. 시간을 사는 방법은 지금 당신이 소유한 시간이 어느 정도이든 그것을 투자하는 것입니다. 하루 8시간 근무를 기준으로 하루에 1시간씩 5년을 모으면 1,825시간, 즉 228일만큼의 자산이 만들어집니다. 오로지 소비만 해서는 아무것도 남지 않습니다.

12. 부자처럼 행동해야 부자가 된다

부자와 빈자의 가장 큰 차이는 생각의 차이라고 했습니다. 그 생각을 지배하는 것은 의식과 무의식입니다. 그러나 의식은 불과 10%미만, 잠재의식은 90%이상의 영향을 미친다는 것입니다. 어딘가에서 어떤 정보를 듣고 결심을 하려고 하는 의식이 발동을 하더라도 내 잠재의식이 사사건건 그 발목을 잡습니다. 결국 내 잠재의식속에 어떻게 (긍정 혹은 부정) 프로그래밍 되어 있느냐가 핵심입니다

몇몇 사람은 교만이란 단어로 당신이 자신감을 갖는 걸 억제합니다. 나는 내가 하는 생각이나 행동을 자신감이라 합니까 아니면 교만이라고 합니까?

만약 교만이라 생각한다면 그것은 무엇인가가 내 잠재의식을 그렇게 셋팅한 것입니다. 부자들은 이런 점에서 빈자와 다르다고 합니다.

자존감이 있는 사람은 비교하지 않습니다. 교만이란 단어는 비교값입니다. 누구보다 ~ 하다는 표현이기 때문입니다. 비교는 한 사람을 무력화하는 최고의 무기입니다.

우리가 살아가는 세상은 끊임없이 비교시킵니다. 경쟁의 방식입니다. 이를 통해 쉼없이 바빠지게 합니다. 바쁘면 자신을 돌아다 볼 겨를이 없습니다. 더욱 지배자의 논리로 더욱 좋은 것은 낙오자들의 잠재

의식에 패배감과 부정이 셋팅됩니다. 이렇게 되면 고대시대처럼 낙인을 찍지 않아도 자발적 노예상태가 되는 것입니다. 이 글을 읽으면서도 자신의 세포속에 녹아들어가 있는 부정적인 무의식을 긍정적인 생각으로 바꾸어야 합니다. 그렇지 않으면 이 문장을 읽고 있는 이 순간에도 부정의 잠재의식이 나를 괴롭힐지 모릅니다.

시인 안도현은 〈너에게 묻는다〉라는 시에서 이런 시구로 우리를 연탄재와 비교합니다. "연탄재 함부로 발로 차지 마라. 너는 누구에게 한번이라도 뜨거운 사람이었느냐." 물론 연탄재만큼 뜨거운 열정을 가지라는 뜻임을 압니다. 그러나 그러한 말에 오히려 주눅이 들거나 자신을 비하하는 일을 없어야 한다는 말입니다.

'~ 이면 좋겠다'는 생각이 아닌 '나는 이미 ~ 이다'라는 생각을 해야 합니다. 《돈의 속성》을 쓴 김승호 회장은 김밥 체인점을 인수하던 날 미국 지도를 펴놓고 거기에 앞으로 개설할 체인점을 표시했다고 합니다. 처음부터 이미 100개의 체인점을 개설한 사장처럼 행동한 것입니다.

아직 성공하지 않았지만 성공한 사람처럼 행동할 때 우리는 자신의 가치를 존중하게 됩니다. 옛말에 "양반은 얼어 죽어도 겻불(짚불)은 안 쬔다"는 것이 있습니다. 이는 아무리 궁한 처지에 있거나 위급한 경우라도 체면을 깎는 짓은 하지 않는다는 의미입니다. 그만큼 자신의 자존감을 지키기 위한 잠재의식의 긍정화가 필요합니다.

우리는 성장하면서 겸손하게 행동하고 절약해야 한다는 말을 귀에 딱지가 앉도록 듣습니다. 맞는 말입니다. 겸손은 가진자의 하는 것입니다. 스피노자는 겸손은 노예의 덕목이라고 말합니다. 아직 가지지 못한자가 보이는 겸손은 열등감의 숨김입니다. 오히려 더욱 당당해야 하는 이유입니다.

가난한 사람이 부자인 척하면 제정신이 아니라고 말합니다. 그렇다면 비행사가 모의 비행기로 시뮬레이션 비행을 하는 것도 미친 짓이라고 하겠습니까?

고양이가 쥐처럼 행동하는 경우는 없습니다. 부자처럼 행동해야 부자가 되는 것입니다. 물론 그런 척만 하고 행동이 뒤따르지 않으면 그것은 자신감이 아니라 교만으로 비춰질 겁니다. 어쨌거나 비굴을 겸손으로 위장하는 것보다는 차라리 교만이 낫습니다.

내가 이미 무언가가 되어 있다고 생각하는 마음과 확신을 긍정 에너지 혹은 끌어당김의 법칙이라고 합니다. 이것이 맞든 틀리든 내가 이미 무언가가 되었다고 생각하는 긍정은 자신감을 낳습니다. 그 자신감은 다른 사람에게 열정으로 보이고, 그 열정이 결국 사람들의 협력을 끌어냅니다. 이는 당연한 이치입니다.

13. 시간을 팔지 말고 사야 한다

부자든 가난하든, 지위가 높든 낮든 시간은 똑같이 주어집니다. 그런데 그 시간을 모두가 자유롭게 쓰는 것은 아닙니다. 자유自由란 한자 뜻 그대로 자기 자신이 원하는 대로 행동할 수 있는 것을 말합니다.

인간이 행복해지려면 시간을 자유롭게 쓸 수 있어야 합니다. 다른 사람이 원하는 대로 살아가는 사람은 자유롭지 않고 행복감을 느끼지도 못합니다.

여기서 자유에는 책임이 따른다는 식의 도덕적인 얘기는 하지 않겠습니다. 여하튼 우리는 자신이 하고 싶은 것을 할 때 행복을 느낍니다. 그 자유는 무엇이 구속하나요? 바로 돈과 시간입니다.

자유롭지 않은 삶을 살아가는 사람의 특성은 돈을 위해 시간을 판다는 점입니다. 시간을 팔아버리고 나면 시간이 없습니다. 그렇다고 시간을 비싸게 팔지도 못합니다. 그래서 돈도 없고 시간도 없는 삶을 살아갑니다.

철학자 니체는 이렇게 말했습니다.

"하루의 3분의 2를 자신을 위해 쓸 수 없는 사람은 노예다."

이제 답은 명확해졌습니다. 목표가 분명하면 그다음엔 전략을 수립해야 합니다.

먼저 종잣돈(시드 머니)을 만들기 위해 불가피하게 언제까지 노동 수입을 올릴 것인지, 그 종잣돈을 어떻게 늘려서 자본이 나를 위해 일하게 할 것인지 전략을 마련합니다. 그때가 오면 더는 시간을 팔지 않을 수 있습니다. 설령 시간을 팔더라도 비싼 값으로 교환하겠지요.

그래서 전략이 필요합니다. 전략을 세웠다면 그에 따른 일정계획을 수립하고 더불어 그에 맞는 수단을 찾아야 합니다. 여기서 핵심은 언제부터 시간을 팔지 않을 것인지 결심하고 계획하는 일입니다.

집이나 가구를 사기 위해 돈을 모을 것이 아니라 내 시간을 팔지 않기 위해 돈을 모아야 합니다. 그래서 모인 시드 머니로 다른 사람의 시간을 사들이기 시작하는 겁니다.

시간당 내 인건비나 대가가 1만 원이라면 그것이 5천 원인 사람에게 내 일을 대신하게 하는 구조를 얼마나 빨리 만드느냐가 핵심입니다. 내가 시간당 1만 원을 버는 일을 다른 사람이 대신하게 한 다음에는 그런 사람의 숫자를 늘려가는 비즈니스가 필요합니다. 그렇게 내 가치를 계속 더 올리고 그 일의 일부를 또 다른 사람에게 위임하는 겁니다.

삼성의 오너는 자신의 일을 대신 해주는 사람을 30만 명 이상 고용하고 있습니다. 네이버에서는 1만 명 정도가 주주들을 대신해서 일하고 있습니다. 결국 사람을 고용한다는 것은 그 사람의 시간을 사는 것을 의미합니다. 그렇게 자신이 일하지 않아도 되는 시점이 오면 시간으로부터 독립할 수 있습니다.

행복이란 내가 원하는 것을 할 수 있는 상태가 아닙니다. 내가 원하는 것을 원하는 때에 할 수 있는 것이지요. 이는 자신이 시간 통제권을 쥐고 있을 때 가능합니다.

시간을 사서 체계적으로 작동하게 하는 것을 '시스템'이라고 합니다.

14. 이기가 곧 이타다

누구나 이타적인 사람이 되고 싶어 합니다. 그 이타는 맹자가 말하는 인간의 본성, 즉 측은지심이 발동하는 상태를 말합니다. 많은 사람이 언젠가 남을 도우면서 살겠다는 결심을 하지만 사실 이것을 실천하기는 어렵습니다.

그래서 불우이웃돕기 성금을 내거나 몇 시간 봉사활동을 하는 것으로 스스로를 위로하기도 하지요. 이런 행동도 그리 나쁘지는 않습니다. 그나마 나눔이란 영역을 만들어 내니까 말입니다.

우리나라에 근로소득세를 한 푼도 내지 않는 사람은 약 38% 수준입니다. 반면 이기적이라서 악덕 기업주라고 불리는 사람은 자기 소득의 약 38%를 세금으로 내고 있습니다. 물론 그 재원은 복지를 위해 쓰이고 있지요.

과연 누가 더 이타적인 것일까요?

이기심은 자본주의가 성장하는 원동력입니다. 애덤 스미스가 《국부론》에서 주장한 대로 우리는 정육점이나 빵집 주인의 자비심이 아니라 이기심 때문에 맛있는 식사를 할 수 있는 겁니다.

우리는 흔히 남에게 피해를 주면 안 된다고 생각합니다. 그래서 어떤 사람은 이런 고민을 하기도 합니다.

혹시 내가 하는 일이 다른 사람에게 부담을 주면 어떡하지?

혹시 내가 다른 일을 하면 가정에 소홀하지 않을까?

혹시 내가 다른 사람에게 신세를 지는 것은 아닐까?

이런 생각은 정말로 상대를 위한 것일까요? 어쩌면 이것은 자신이 이타적이지 않아서 남들에게 이타심을 강요하는 것인지도 모릅니다. 진정한 이타는 자신의 선행을 생색내지 않는 것입니다.

이기적인 사람은 다른 사람의 이기도 소중한 줄 압니다. 이런 이유에서 이기적이어야 할 때도 있습니다. 그래야 그것이 이타가 됩니다.

자녀에게 학비를 쏟아붓느라 자신의 미래를 책임지지 못하는 부모와 자신의 노후 준비를 하느라 자녀들에게 스스로 학습을 강조한 부모

중 과연 누가 더 자녀에게 이타적인 것일까요?

이타적인 모습으로 위장한 채 살다가 부모에게 용돈을 주기는커녕 오히려 부모에게 손을 벌리는 자녀와 때로 자기밖에 모른다는 소리를 들어가며 돈을 벌어 부모가 경제력이 떨어졌을 때 매달 용돈을 드리는 자녀 중 누가 더 이타적인 것일까요?

탐욕까지 이기에 속하는 것은 아니지만 가장 이기적인 것이 가장 이타적인 것입니다.

15. 시스템을 소유하라

성공자는 팀을 이루고 보통 사람은 그렇지 않다

앞에서 부자와 빈자의 차이를 잠재의식을 얼마나 활용하느냐의 차이라고 말했습니다. 이것은 자기 스스로의 문제이고 구체적으로 실행 단계에서의 외형적 차이가 있습니다. 그것은 바로

성공자는 팀team을 이루고 보통 사람은 자기 혼자서 해결하려 합니다. 그러나 모두를 합친 것보다 더 현명한 사람은 아무도 없습니다. 우리가 흔히 들었듯 혁명위원회, 하나회, 민주산악회, 동교동계, 노사모, 박사모 등 역대 대통령들도 팀을 이뤘습니다.

팀은 한 사람으로부터 시작됩니다. 어른은 뜻을 같이하는 친구 3명만 있으면 부자라고 하지요. 당신과 뜻을 같이하는 어떤 팀을 이루고 있나요? 같은 생각으로 함께 행동하는 팀의 파워는 어떤 일이든 가능하게 합니다. 혼자의 100%보다 100명의 1%를 더한 것이 더 효율적이고 가치 있는 법이지요.

시스템을 갖춘 팀에 속하지 않고는 앞서 말한 5% 안에 들 수 없습니다. 결국 관건은 어떻게 시스템을 소유할 것인가 하는 점입니다.

지금까지 우리가 택해온 방법은 열심히 공부해 판·검사가 되거나 직장에서 승진해 잠시 팀을 빌리는 것입니다. 로버트 기요사키는 그것이 마음에 들지 않으면 돈을 주고 사거나, 만들어내거나, 스스로를 프랜차이즈하라고 권합니다.

동창회, 친목회 같은 팀에 속해 있다고요? 그것은 당신의 팀이 아닙니다. 친목 이상의 단계로 넘어서고 싶은 마음으로 머물긴 하지만 기대를 충족하기 어렵습니다. 당신의 팀을 이루십시오.

팀을 자기 주도적으로 이루면 중앙화한 기업이라고 합니다.

자발적으로 모여들게 만들면 플랫폼이라고 합니다.

지금까지 이런 일은 거대 자본가나 불굴의 의지로 노력하는 사람의 몫이었습니다.

뜻을 같이하는 평범한 보통 사람도 자발적으로 모여 활동할 수 있을까요? 그 역할과 이익을 공평하게 나누고 기여한 만큼 몫을 나누는 방식으로 말입니다. 이것이 가능해야 보통 사람도 도전해 볼 수 있지 않을까요?

동료와 동지는 다릅니다. 당신에게는 동지가 있습니까?

16. 협력하지 말고 협업하라

협력하는 자는 종속적 삶을 살게 되고 협업하는 자는 주체적 삶을 살게 된다.

필자는 협업경영과 협력경영이란 책에서 말했습니다. 위에서 팀을 이룬다고 했는데 그 팀의 형태를 잘 생각해 봐야 합니다. 누군가가 팀을 만들고 그 속에 구성원으로 들어가면 결국 지금 대부분 사람들의 모습과 다를 바 없습니다. 반면에 그 팀을 스스로 만드는 일은 해본 적이 없습니다. 이것이 딜레마입니다. 그러나 협업이란 개념을 이해하게 되면 이 문제가 해결됩니다

협력이란 누군가가 지시하는 일에 힘을 합치는 것입니다.

협업이란 스스로 독립된 상태에서 다른 주체들과 상호작용하는 것입니다. 여기서 1인기업가 혹은 자기경영이란 개념이 만들어 집니다.

1인기업가가 되고 상호 협업시스템만 구축한다면 특별한 자본이나 엄청난 인맥이 아니어도 얼마든지 팀을 이룰 수 있습니다.

자영업자들이 겪는 어려움은 대부분 협력모델에서 진행되기 때문입니다. 프랜차이즈로서 거대한 플랫폼속에서 어느 지역에 한정된 역할로 힘을 합치는 존재이기에 그 결과는 근로자나 다를 바 없습니다. 무늬만 사업가입니다.

독립된 아이템으로 자영업을 하는 사람도 결국 누군가의 협력을 받아야 합니다. 그 협력을 제공하는 사람을 근로자라 합니다. 문제는 매출대비 그 인건비를 버거워 합니다. 이 모순된 메커니즘에서 빠져 나와야 합니다. 그렇지 않으면 평생 누군가에게 힘을 보태주다가 결국 힘이 빠지거나 가치가 없어지면 그 협력마저도 필요없다는 소리를 듣게 될 것입니다.

프로토콜 경제 혹은 프로슈머, 프론티어 등으로 부브로 있지면 결국 협업경영을 말하는 것입니다.

이제 결론을 내려봅시다.

지금까지 해온 방법으로는 지금의 결과 이상을 얻을 수 없습니다.

↓

내 꿈을 실현할 수 있는 결과가 아니면 방법을 바꾸거나 보완하십시오.

↓

5%의 생각과 행동을 하십시오.

↓

95%의 생각은 그럴듯한 핑계로 당신의 발목을 잡습니다.

5%는 그것을 이유와 변명이라 하고 당신의 주변 사람들은 현실, 안정, 합리성, 명분이라 말합니다. 사실 주변 사람들의 생각은 5%의 사람이 만든 것입니다.

↓

어떻게 살 것인지 스스로 결단하고 선택하십시오.

↓

그리고 대가를 치르십시오. NO RISK, NO PROFIT!

↓

실패란 넘어지는 게 아니라 넘어진 후 일어서지 않는 것을 말합니다.

↓

의지보다 시스템입니다. 동료가 되지 말고 동지가 되십시오.

※ 문제에 관한 인식

1) 해가 뜨면 별은 보이지 않습니다: 꿈을 키우고 명확히 해야 합니다.

법조인이 많아지면 범죄인이 많아지고, 심리학을 전공한 사람이 많아지면 힐링과 위로가 많아집니다. 문제를 보기 때문입니다. 어디를 보느냐? 길이 없는 것이 아니라 뜻이 없은 것이고, 길이 어려운 것이 아니라 자신이 어렵다고 생각하는 것입니다.

2) 하늘의 구름은 입으로 분다고 걷히는 게 아닙니다. 시간이 가면 저절로 걷히고 맑은 하늘이 보입니다: 문제는 그냥 지나쳐야 합니다. 인간은 욕망이 없으면 죽은 것이고 살아 있는 한 욕망은 존재합니다. 그리고 욕망이 존재하는 한 문제는 끝없이 만들어집니다. 그저 좀 더 수준 높고 품격 있는 욕망으로 통제하는 것이 바람직한 삶입니다.

5장
4차 산업혁명 시대와
소비자 네트워크 파워

5장
4차 산업혁명 시대와 소비자 네트워트 파워

4차 산업혁명이란 네 번째로 찾아온 산업계의 혁명이란 의미입니다. 이 말은 앞서 세 번의 혁명이 있었다는 뜻입니다. 즉, 가난에서 벗어나거나 부자가 될 기회가 세 번 있었다는 것이지요. 당신의 가문은 이 역사적인 변곡점마다 어떻게 행동했습니까? 우리가 미래를 알려고 하는 이유는 대응하기 위해서입니다. 대응이란 대비해서 응하는 것을 말합니다. 왜 대응하려고 합니까?

대응하지 않으면 반응하기 때문입니다. 반응한다는 것은 주어진 상황에 따라간다는 얘기입니다. 대응하려면 알고 있어야 하고, 알고 있어야 준비할 수 있습니다. 준비하지 않을 거면서 미래를 알면 두 가지 결과를 초래합니다. 우선 걱정이 늘어나고 그다음으로 어떤 새로운 정보를 들어도 '안다병'에 걸려 무감각해집니다.

1. 신분 상승과 신분 추락

네 번의 산업혁명을 겪으면서 사람들이 어떤 일을 경험했는지 '나'라는 가상 인물을 중심으로 얘기해 보겠습니다. 이 이야기는 우리가 그동안 생각해 온 신분 상승과 추락의 명암을 고스란히 보여줍니다.

- 증기기관으로 1차 산업혁명이 일어났을 때 내 조상은 농사를 지었습니다.
- 대량생산으로 2차 산업혁명이 일어났을 때 내 부모는 블루칼라였습니다.
- 정보통신으로 3차 산업혁명이 일어났을 때 나는 화이트칼라였습니다.

결국 내 할아버지는 농사만 짓다 돌아가셨고 아버지는 근로자로 살았습니다. 그래도 할아버지는 아버지의 신분이 상승했다며 자랑스러워했습니다. 비록 작은 규모지만 자영업자였던 할아버지와 달리 아버지는 어떤 자본가에게 고용된 머슴일 뿐인데도 말입니다.

나는 아버지 덕분에 화이트칼라로 살아가고 있습니다. 부모님도 할아버지처럼 내 신분이 상승했다며 자랑스러워합니다. 근로자라는 신분은 다를 바 없는데도 말입니다.

지금 나는 인공지능의 활약을 보면서 불안감을 느낍니다. 어쩌면 나는 내 아버지보다 더 빨리 직장을 잃을지도 모릅니다. 정작 더 큰 문제는 내 아이들입니다. 내 아이들은 아무리 봐도 무엇을 해야 하는지

잘 모르겠습니다. 신분 상승은커녕 오히려 신분 하락을 염려해야 할
지경입니다.

아마도 누군가가 주도하는 또 다른 상황을 맞이하겠지만 지금보다
더 나아질 것 같지 않습니다.

이 이야기는 세 번의 산업혁명에 대응하지 못한 결과 대를 이어 가
난을 물려주고 있는 상황을 잘 보여주고 있습니다. 인정하고 싶지 않
을지도 모르지만 오늘날에도 신분은 세습되고 있습니다.

세 번의 실수면 충분합니다. 4차 산업혁명 시대마저 그 기회를 잃어
버리면 이제 회복할 기회는 더 이상 오지 않을지도 모릅니다.

2. 왜 시대의 흐름을 예측하려 하는가

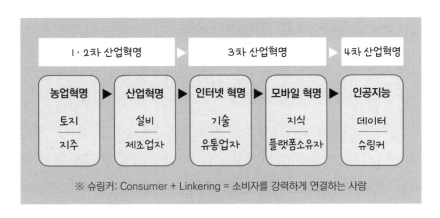

몇 시간, 아니 몇 분 후의 일을 알 수 있다면 당신은 어떻게 하겠습니까? 주식을 사거나, 땅을 사거나, 점 보는 일을 하거나, 시험을 치거나, 복권을 사는 등 어떤 일을 하든 준비만 하면 원하는 것을 소유할 수 있을 겁니다.

시대가 어떻게 흘러갈지 모르는 사람은 없습니다. 많은 사람이 책이나 매체에서 이야기하고 있기 때문입니다. 그러나 실제로 준비하고 대책을 세우는 사람은 많지 않습니다. 왜 그럴까요? 준비는 아무나 할 수 없는 일이라서 그렇습니다.

일단 시간이 없고 그 일을 추진할 자본이나 인력, 지식, 경험이 없습니다. 더 결정적으로는 그 흐름에 맞는 일을 추진할 열정이 없습니다.

가끔 성공사례로 입에 오르내리는 것도 대부분 그만한 일을 추진할 정도의 무언가를 보유한 경우입니다. 물론 100% 그런 것은 아니지만 실력이든, 기업가정신이든, 어떤 일을 추진할 그 나름대로 축적한 시간이든, 무언가 자산을 가지고 있다는 얘기입니다.

전 세계에는 약 3천 명의 억만장자가 있다고 합니다(2021년 기준 2,724명). 순자산이 10억 달러, 즉 1조 2천억 원 이상인 부자를 억만장자라고 하지요.

19세기 존 록펠러는 석유 제국을 건설해 억만장자가 되기까지 46

년이란 시간이 걸렸습니다. 1980년대 컴퓨터 업계의 거물 마이클 델은 14년, 마이크로소프트의 빌 게이츠는 12년 만에 억만장자 자리에 올랐습니다. 1990년대 야후의 제리 양과 데이비드 필로는 4년 만에 10억 달러씩 벌었고, 이베이 창업자 피에르 오미디야르와 아마존의 제프 베조스는 이것을 3년 안에 해냈습니다. 그런데 2000년대 후반 그루폰의 앤드루 메이슨은 억만장자가 되는 데 2년밖에 걸리지 않았다고 합니다.

이들이 어떤 노력으로 그 위치에 올라갔느냐보다 더 중요하게 봐야 할 것이 있습니다. 바로 시대의 흐름과 그들의 사업 아이템이 잘 맞아떨어졌다는 점입니다. 인터넷 혁명과 모바일 혁명을 주도한 빌 게이츠나 손정의 회장, 스티브 잡스 같은 사람은 모두 1957년과 1958년생입니다.

이들이 20세가 되었을 때 PC가 등장해 보급되고 있었습니다. 결국 어떤 노력을 얼마나 하느냐보다 더 중요한 것은 시대 흐름을 읽고 대비하는 일입니다.

미래의 성공으로 이어지는 특별한 기회를 얻은 사람이 성공을 거둔다는 '마태복음 효과'라는 것이 있습니다. 이것은 몇 달 빨리 태어난 아이는 상위 코스에 들어가고 보다 훌륭한 코치에게 배우면서 점차 격차가 벌어지는 것을 말합니다.

실제로 세계 유수의 프로축구 선수는 대부분 8월생이거나 1월생이라고 합니다. 어린 시절의 성장 속도는 한 달 차이도 매우 큽니다. 같은 해에 태어난 아이들은 학교에 입학할 때 동급생이지만 1월생과 12월생은 그 차이가 클 수밖에 없습니다.

먼저 태어난 아이가 여러 가지 행동 발달이나 학습 능력에서 더 우월한 것이지요. 그리고 이들의 우월적 위치는 그들이 더욱더 잘하게 만듭니다. 마태복음 25장 29절에서 "무릇 있는 자는 받아 풍족하게 되고 없는 자는 그 있는 것까지 빼앗기리라"라고 말하듯 무언가를 선점하는 것은 모든 일에서 훨씬 유리합니다.

같은 맥락에서 시대 흐름을 읽고 그 흐름에 편승하는 것은 매우 중요한 일입니다. 시대 흐름을 빨리 감지하고 그 방향으로 노력하는 것이 중요하다는 말이지요. 지금이 가장 빠를 때입니다

3. 4차 산업혁명의 의미

새로운 혁신기술은 시장을 만날 때만 의미가 있습니다. 그만큼 신기술을 보유한 누군가에게는 그 기술을 받아줄 시장이 절실합니다. 시장이 형성되려면 누군가가 그 이야기를 해야 합니다. 그래야 누군가는

앞서가려 하고 또 누군가는 그 변화를 받아들일 마음의 준비를 하기 때문입니다. 근래 4차 산업혁명 이야기가 지치지도 않고 흘러나오는 이유가 여기에 있습니다. 시장이 필요한 누군가가 계속해서 분위기를 조성하고 있는 것이지요.

때로는 자신의 심정을 이처럼 과격하게 토로하는 사람도 있습니다.

"이놈의 세상, 확 뒤집혔으면 좋겠다!"

왜 이런 말을 하는 걸까요? 이미 안정적인 상황에서 새로운 기회를 만나는 것은 매우 어렵습니다. 농부가 씨를 뿌리려면 밭을 갈아엎듯 새로운 변혁이 있어야 기회가 생깁니다.

변혁은 누군가에게는 기회이고 다른 누군가에게는 위기입니다. 그래서 위기와 기회는 같이 온다고 말하는 것입니다. 문제는 판이 뒤집히고 있음을 눈치채지 못하거나 알더라도 준비를 갖추지 못하는 데 있습니다.

위기를 감지해도 대부분 그 위기를 견디려 하지 벗어나려고 하지 않습니다. 어려서부터 어떤 어려움이 생기면 견디고 이겨내야 한다고 교육받으며 세뇌되었기 때문입니다. 그렇게 견뎌내느라 시간을 보내고 있는 동안 기회는 다른 곳에서 옵니다. 결국 그 기회를 잡지 못하거나 잡을지라도 놓쳐버리고 맙니다.

1차 산업혁명 무렵 방직기가 등장하자 감자밭을 갈아엎고 기회를 잡은 부호들의 이야기를 들으면서도 대다수는 설마설마하며 자신의 감자밭을 갈아엎지 못한 채 살아갔습니다.

2차 산업혁명으로 대량생산 시스템이 등장해 자동차가 쏟아져나올 때 석유 사업이라는 기회를 포착한 록펠러가 엄청나게 부를 쌓던 시대에도 사람들은 대부분 기름값 몇십 원 오르는 것을 걱정하며 주유소 앞에 줄을 서서 대기했습니다.

앨빈 토플러가 제3의 물결을 말하고, 또 다른 누군가가 인터넷을 이야기하고, 모바일이 세상을 바꿀 때도 많은 사람이 기능을 좀 더 다룰 줄 아는 정도로 상황을 견뎌내려 했습니다.

물론 그것도 그리 쉬운 일은 아닙니다. 하지만 그러는 중에 네이버, 카카오톡, 애플, 구글 같은 거대기업은 쑥쑥 성장했습니다. 우리는 그저 그들을 지켜보는 것이 전부였지요. 그들의 스토리에 말 한마디를 보태거나 얘기할 수 있는 것만으로도 그러한 변화에 동참하고 있는 양 착시 속에 빠져 있기도 하고요. 어떤 사람들은 노후 연금으로 쓰면 될 일정 금액을 통신비로 충성스럽게 꼬박꼬박 납부하고는 노후걱정을 하며 살아갑니다.

혁명기에는 그 선택의 결과가 극명합니다. 이건 단순히 유행 혹은 트렌드를 놓치거나 따라가지 못하는 정도와 비교하기 힘들 만큼 그 결과에 엄청난 차이가 발생합니다.

4차 산업혁명의 혁신기술에는 인공지능, 클라우드, 빅데이터, 3D 프린트, 초경량·초강도 신소재, 드론, 첨단바이오, 5G 통신, 사물인터넷, 로봇, 메타버스, 블록체인, 우주산업 등이 있습니다. 이미 이러한 기술을 응용한 수많은 제품과 서비스가 쏟아져나오고 있고 앞으로도 그러할 것입니다.

그 물결 속에 당신은 어떤 방법으로 참여할 수 있나요? 연구개발, 자본, 기술, 생산, 판매 등의 경제 메커니즘 속에서 당신은 어디에 위치할 수 있나요?

어떤 분야에 참여해도 그 일을 하는 주체는 결국 사용자와 피사용자로 나뉩니다. 시대를 막론하고 피사용자는 삶 속에서 지금 우리가 하는 고민을 하며 살아갑니다. 즉, 그들이 하는 고민은 우리가 하는 고민과 다르지 않습니다.

우리는 여기에 주목해야 합니다. 이 책에서 다루는 제 나름대로의 대안이 그나마 개인이 무자본, 무기술로 참여할 수 있는 영역의 유통이기 때문입니다. 특히 4차 산업혁명이라는 시대적 상황과 기술은 개인이 소비자를 연합하기에 매우 좋은 기회입니다.

만약 당신이 다른 부문에 참여해 성과를 낼 수 있다면 그 일을 하는 것이 좋습니다. 그러나 그것 역시 결과물을 소비자가 소비하게 해야 한다면 그리 쉽지는 않을 겁니다.

자, 당신 자신에게 질문을 해봅시다.

나는 소비자를 지속적으로 만족시킬 만한 기술을 보유하고 있는가?

나는 지속적으로 개발할 수 있고 지속적으로 생산·홍보할 수 있는가?

아마도 여기에 자신 있게 '네'라고 답하기가 어려울 것입니다. 설령 5차 산업혁명이 다가와 더욱더 우수한 첨단 기술을 접목할지라도 그 제품과 서비스는 누군가가 소비를 해주어야 합니다. 그렇다면 가장 유리한 위치에 있는 사람은 누구일까요? 바로 소비자 네트워크를 구축한 사람입니다.

백화점이 새로운 상품을 연구개발할 필요는 없습니다. 누군가가 해놓은 결과물을 가져다 판매하면 그만입니다. 이는 꼭 대형 유통시설을 갖춘 사람에게만 해당하는 얘기가 아닙니다. 평범한 개인도 얼마든지 이러한 유통에 참여할 수 있습니다. 소비자 네트워크를 구축하면 분명 가능합니다. 사실은 이것이 개인이 할 수 있는 가장 효과적이고 현실적인 대안입니다.

4. 트렌드는 유통이고, 유통의 흐름은 곧 돈의 흐름이다

물물교환 → 중개인 → 도소매점 → 할인점 → 인터넷쇼핑 → 플랫폼 → 소비자연대

총판　도매상　백화점　슈퍼　대형할인점　거대기술　자본가　프로슈머

'마케팅의 아버지'라 불리는 마케팅의 대가 필립 코틀러는 마케팅 발전 수준을 5단계로 나눠 설명합니다.

마케팅 발전 수준

마켓 1.0 제품 중심 마켓으로 고객의 지적 만족에 접근

마켓 2.0 소비자 중심 마켓으로 고객의 정서적 만족에 접근

마켓 3.0 인간 중심 마켓으로 고객의 정신적 만족에 접근

마켓 4.0 전통 마케팅에서 디지털 중심 마켓으로 전환해 고객 여정에 접근

마켓 5.0 차세대 기술(AI 센서, 증강현실 등)을 적용한 마켓으로 경험에 접근

마케팅은 왜 변화할까요? 바로 유통 방식이 변화하기 때문입니다.

그러면 유통은 왜 변화합니까? 소비자 욕구가 달라져서 그럽니다. 소비자 욕구는 수시로 바뀝니다. 그래서 마케팅 전문가는 이를 예측하려 하는데 최근에는 빅데이터를 활용해 그 예측력을 높이고 있습니다.

물물교환 시대에 소비자는 어디에 무엇이 있는지 몰랐고 안다고 해도 그것을 유통하는 일을 누군가가 대신 해주었으면 했습니다. 그래서 등장한 존재가 중개인입니다. 막상 중개인 형태의 유통이 이뤄지자 이제 소비자는 좀 더 가까이에서 편하게 구매하길 원했지요.

결국 소비자는 백화점이라는 곳에서 원스톱 쇼핑을 즐겼고 집 앞마다 슈퍼마켓도 생겼습니다. 그렇게 소매점 형태의 유통 시대가 열리자 소비자들은 싸고 편리하게 사길 원했지요. 다행히 차량 소유자가 늘어나면서 거리 제한을 극복한 덕분에 이것도 가능해졌습니다.

시간이 흐르면서 소비자는 생산자와의 직거래로 저렴한 가격에다 배달이라는 편리성까지 누리기 시작했습니다. 이것을 거대한 자본과 기술을 보유한 플랫폼 기업이 대신 해주면서 그들은 엄청난 부를 독차지하고 있지요.

다른 한편으로 그들의 일방적인 횡포에 반발하는 소비자 움직임이 생겨나고 있습니다. 지금까지는 유통과정에 필수적인 신뢰 확보를 거대한 자본가의 플랫폼에 맡길 수밖에 없었습니다. 하지만 이제는 플랫폼에 기대지 않아도 신뢰 확보가 가능한 기술이 생겼습니다. 바로 블록체인 기술입니다.

이러한 블록체인은 탈중앙화를 가능하게 합니다. 이에 따라 이것을 기반으로 한 소비자 연합체가 유통에 직접 관여하려는 움직임이 강해지고 있는데 이를 '프로토콜 경제'라고 합니다.

이것은 기존에 네트워크 마케팅이란 이름으로 진행해 온 비즈니스 모델과 그 목적이나 형식이 거의 유사합니다. 그 점에서 이제 유통은 소비행위가 곧 생산행위가 되는 구조인 프로슈머의 완성 단계에 도달했다고 할 수 있습니다.

소비자 욕구를 알고 미리 준비한 사람은 항상 많은 돈을 벌었습니다. 반대로 미리 준비하지 않고 있다가 확인하고 뛰어든 사람은 먹고사는 정도의 수입을 올렸습니다.

다음 몇 가지 데이터는 유통의 종착점을 예측할 수 있게 도와줍니다.

1) 모바일 보급과 사용자 증가 추이

글로벌 주식거래 플랫폼 분석업체 스톡앱스닷컴StockApps.com이 제공한 데이터에 따르면, 2021년 7월 현재 휴대전화 사용자는 거의 53

억 명으로 세계 인구의 67%에 달합니다. 대한민국의 휴대전화 보급률은 이미 2019년에 100%를 넘어섰고, 그중 스마트폰 사용자가 95% 이상으로 세계에서 가장 높은 것으로 나타났습니다.

이는 그야말로 '포노사피엔스'라는 말이 실감나는 수치입니다. 우리의 오장육부에 스마트폰이 하나 추가되었다는 말이 나올 지경입니다. 이 정도면 우리의 삶과 소통 방법이 어떻게 바뀔지 삼척동자도 알수 있지 않을까요?

유통이 모바일 채널에서 이뤄지는 것은 어쩌면 당연한 일입니다. 오히려 그 다음은 어떻게 될지 상상해 보는 일이 더 재미있을 것입니다. 어느 순간 모바일이 인체 속으로 들어가는 것을 상상해 보세요. 또한 늘 들고 다니는 스마트기기 센서가 우리의 생각이나 행동을 실시간 감지하는 상황도 마찬가지입니다. 유통 변화를 충분히 예상할 수 있지 않나요?

현재 사람들이 스마트폰으로 가장 많이 접속하는 SNS 채널은 페이스북과 카카오톡입니다. 그만큼 이들 플랫폼의 영향력은 막대합니다. 앞으로는 기기를 가장 많이 공급하는 회사도 어떤 영향력을 발휘할 거라는 예측을 해봅니다.

2) 유통채널별 매출액 추이

유통채널	2015년	2016년	2017년	2018년	2019년	15-19 CAGR
백화점	29.0	29.9	29.3	30.0	30.4	+1.1%
대형마트	32.8	33.2	33.8	33.5	32.4	▼0.3%
슈퍼마켓과 잡화점	43.5	44.4	45.6	46.5	44.2	+0.4%
편의점	16.5	19.5	22.2	24.4	25.7	+11.8%
무점포 소매(온라인)	46.8	54.0	61.2	70.3	79.6	+14.2% ★
합계	168.5	181.0	192.2	204.6	212.3	+5.9%

출처: 통계청 자료 활용

3) 유통에 접목한 신기술과 그 영향력

　4차 산업혁명에 따라 유통에 접목한 신기술과 그 영향력이 압도적인 것은 빅데이터입니다. 여기에는 클라우드와 인공지능 기술이 관련되어 있는데 이는 빅데이터로 소비자 행동을 분석하고 예측하는 일입니다.

　이미 대부분의 쇼핑업체가 빅데이터를 토대로 소비자의 개인정보와 검색, 과거 구매 이력 같은 소비 행동을 분석해 맞춤형 광고를 제공하고 있습니다. 그뿐 아니라 사전 수요를 예측해 소비자의 근거리로 제품을 사전 배달해 주는 방식의 선제적 행동도 가능합니다. 나아가 가상현실VR과 증강현실AR, 혼합현실MR 기술을 적용하는 메타버스 기술은 소비자가 직접 입어보는 등의 행위를 하지 않고도 구매할 수 있도록 체험기술을 제공합니다. 여기에다 생산과정이나 유통과정을 실시간으로 보여준다면 신뢰가 생겨 자사 제품과 서비스를 구매하게 설득하는 일이 훨씬 쉬울 것입니다.

메타버스는 우리가 특히 주목해야 할 기술입니다. 지금까지 모든 유통은 현실을 기반으로 했습니다. 모바일 인터넷이라는 수단은 그 현실을 연결해 주는 수준이지요. 반면 메타버스는 또 다른 차원입니다.

가령 현실 세계에 사는 홍길동은 가상 세계에서 제2, 제3의 홍길동으로 존재할 수 있습니다. 우리가 현실과 가상을 분리된 세계로 인식하는 것은 그동안 5G 통신이나 가상현실, 증강현실, 혼합현실 등을 구현하는 디바이스 기술의 뒷받침을 받지 못했기 때문입니다. 이제 그런 문제는 거의 다 해결했습니다. 이것은 분명 새로운 유통 형태를 창출할 것입니다.

가상공간에서 활동하는 아바타가 명품 브랜드를 입는다면 어떨까요? 가상공간에서 활동하는 아바타가 건강보조식품을 먹고 화장품을 바른다면 어떨까요? 비교를 위해 온라인 게임을 생각해 봅시다. 게임에서 강력한 무기를 장착한 캐릭터는 모든 면에서 우월하거나 유리합니다. 그래서 사람들은 자기 캐릭터가 강력해지도록 열심히 투자합니다.

메타버스에서도 그러한 인간의 욕망이 그대로 나타나지 않을까요?

당연히 소비자들은 메타버스에서도 자신의 욕망을 표출하려 할 겁니다. 그렇다면 미래 유통이 어떻게 변화할지 어느 정도 예측할 수 있습니다. 그에 따라 무엇을 준비해야 하는지도 알 수 있고요. 우리는 그러한 행동을 하려는 사람을 모아 연합하게 해야 합니다. 미래에는 그런 역할을 하는 사람이 기회를 얻습니다.

이러한 기술을 접목하는 것이 유통 형태를 바꿔놓고 그것이 새로운 변화를 일으킨다는 것은 어떤 의미일까요? 바로 현실 세계에서 멋진 공간과 인테리어, 전문 판매원이 있어야 가능했던 일이 가상공간에서도 얼마든지 가능하다는 얘기입니다.

실제로 디센트럴랜드, 샌드박스 같은 회사는 블록체인 기반의 메타버스 서비스를 제공해 가상공간에 희소성을 부여함으로써 가치를 창출하는 방식으로 성장하고 있습니다. 가상공간을 확보한 사람이 그곳에 각종 콘텐츠를 만들어 유통하는 비즈니스가 생겨난 것입니다.

지금까지 유통산업에는 엄청난 자본력과 제품 품질 확보, 판촉 활동, 고객관리 등 개인이 접근할 수 없는 영역이 있었습니다. 설령 개인이 접근할지라도 결국 그 한계 때문에 영세하거나 열악한 조건에서 경쟁할 수밖에 없었지요. 하지만 상황이 바뀌었습니다. 이제 유통산업에서 가장 중요한 것은 소비자를 제품별 혹은 욕망별로 얼마나 연결하느냐 하는 점입니다. 당연히 그 일은 개인도 얼마든지 할 수 있습니다.

4) 웹 3.0 시대와 제품의 유통 방식 변화

유통채널 변화의 핵심은 제품을 어떻게 소비자의 손에 전달하느냐에 있습니다. 물물교환 시대에는 서로 자기 물건을 가져가서 바꾸고 바꾼 물건을 가져오는 방식으로 교환자와 함께 물류도 같이 이동했습니다.

제품 중심 시절에는 소비자가 제품이 있는 곳으로 찾아가 제품을 가져왔습니다. 그러다가 시장이 등장하면서 그 장소에서 서로 교환행위가 일어났지요. 그 시장 형태는 소매점과 도매점을 거쳐 대형쇼핑점, 백화점 등으로 발전했습니다. 이후 시장은 인터넷과 전자상거래라는 가상공간으로 옮겨갔고 온라인 시장에 꼭 필요한 까닭에 발달한 것이 제품을 전달하는 배달업입니다. 배달의 민족, 요기요, 잇츠 같은 비즈니스 모델이 대표적이지요.

1인 가구 증가와 언택트 상황 전개로 배달 영역은 거대한 플랫폼 기업이 탄생할 정도로 성장하고 있습니다. 여기에 더해 아마존의 드론 배송이나 우버의 배달사업과 긱워커를 이용한 사업 같은 변화가 일어나고 있습니다.

홍익대학교 건축학과 유현준 교수는 이렇게 제안합니다.

"지하에 물류 전용 터널을 만들어 자율주행 로봇으로 물건만 이동하게 하자."

이것은 배달이나 물류 차량 증가로 교통체증이 일어나는 문제를 해결하는 방안으로 제시한 것입니다. 이 방법은 차량용 터널을 만드는 것보다 비용이 적게 들 것이라고 합니다. 이러한 아이디어가 현실화하면 제품을 사러 가거나 가져다주는 문제를 해결할 수 있습니다. 앞으로 유통에서는 제품 흐름 문제가 유통 패턴을 바꿀 전망입니다.

이런 변화를 사람들은 흔히 웹 1.0, 2.0, 3.0 시대로 구분해 설명합니다. 웹은 월드 와이드 웹World Wide Web의 줄임말이죠.

웹 안에는 수많은 웹사이트가 존재하고 웹사이트는 웹페이지로 이뤄져 있습니다. 웹페이지에 텍스트, 이미지, 동영상 등이 담겨 있고 유저가 링크 클릭으로 또 다른 웹페이지로 이동할 수 있는 것이 웹 1.0 단계입니다. 이는 일방적인 상호작용 방식이지요. 웹의 초창기 버전인 웹 1.0 단계는 유저에게 일방적으로 정보를 전달하는 방식이었고, 유저 역시 다른 미디어에서 정보를 얻듯 주로 정보 취득용으로 사용했습니다. 즉, 읽기만 가능했습니다.

웹 2.0 단계에는 정보에 참여해 그 정보를 공유하고 대화하기 위한

페이스북, 트위터, 구글 등의 소셜 네트워크 서비스가 등장하면서 유저와 유저 간의 상호 교류(읽기, 쓰기)가 가능해졌습니다. 이후 스마트폰이 발전하면서 등장한 모바일웹 시대는 웹 2.5 단계로 부릅니다.

그리고 현재 인공지능, 빅데이터, 가상공간 등 기술 발전과 함께 등장한 웹 3.0 단계는 또 한 번의 인류 진화를 준비하고 있습니다. 웹 3.0 단계는 현실 세계를 옮겨놓은 듯한 가상공간 기술 발전을 촉진하고 있는데, 특히 현실 같은 가상공간에서 현실 세계 인간들 사이의 소통이 가능하게 이끕니다. 이는 읽기, 쓰기에 소유 개념을 추가한 형태라고 할 수 있습니다.

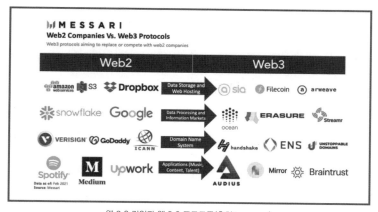

웹 2.0 기업과 웹 3.0 프로토콜(출처: messari)

웹 3.0 단계의 대표적인 서비스인 메타버스Metaverse에는 두 가지 의미가 담겨 있습니다. 먼저 이 용어는 현실 세계를 의미하는 '유니버스Universe'와 가공 혹은 추상을 뜻하는 '메타Meta'를 결합한 합성어입니다. 결국 메타버스를 풀이하면 현실 세계를 가상 세계로 옮긴다는 말입니다.

당연히 쇼핑도 여기에 속합니다. 즉, 쇼핑 역시 메타버스 안에서 이뤄지는 세상이 왔다는 얘기입니다. 이를 의아하게 여기는 사람이 있을지도 모르지만, 현실 세계에서 이루지 못한 삶을 가상공간에서 구현하려는 욕구는 갈수록 커지고 있습니다. 이것은 미래 얘기가 아니라 이미 우리의 현실입니다.

이러한 욕구는 유통의 주축 세력인 MZ세대의 두드러진 특징 중 하나입니다. 이들은 어떤 장소에 가지 않고 현장에 있는 것 같은 느낌으로 제품을 구매하고 싶어 합니다.

물론 웹 3.0을 실현하려면 블록체인 비즈니스를 기반으로 한 가상 자산이나 NFT, 디파이Difi(탈중앙화 금융), 가상현실, 증강현실, 5G 통신 같은 것이 유기적으로 상호작용하는 생태계를 구축해야 합니다.

백화점 혹은 대형할인점이 들어설 때 그 안의 어떤 상가를 분양받을 기회가 있었다면 우리는 분양을 거절했을까요? 그때도 우리는 재래시장을 고집했을까요? 여하튼 그 시절은 이미 지나갔고 지금은 시장이 가상공간으로 넘어가고 있다는 사실을 기억해야 합니다. 가상공간에서 그려내는 모습은 제약이 적습니다. 현실세계가 아니기 때문입니다.

서부개척시대에 영국을 떠나 미국으로 갔던 사람들, 조선시대 그 암울한 상황에서도 일본이나 미국으로 유학을 떠났던 사람들, 결국 그들이 훨씬 더 많은 기회를 가지게 되었고, 당연회 더 많은 부를 차지했다는 사실을 알아야 합니다. 미국에 유학을 다녀왔다는 이유만으로 그들이 누리며 살았던 풍요는 말로 할 수 없습니다. 무슨 말을 해도 그런 줄 알았고, 그들은 믿었고, 그래서 그들은 엄청난 혜택을 누리며 기득권층으로 진입했습니다. 어학이 안되는데도 그곳으로 발걸음을 떼었던 사람들이 가지는 두려움이나 지금 메타버스라는 상황에 들어서려는 두려움이나 다를 바 없습니다. 지금 이순간 이 책을 읽고 있는 독자가 어떤 두려움을 가지고 있다면 두려움을 느끼게 하는 쪽에 답이 있을 가능성이 훨씬 큽니다. 물론 이로워야 하고 가치가 있어야 합니다.

5. 유통업에 참여한다면 어떤 방법이 있을까?

기술과 자본이 필요합니다.

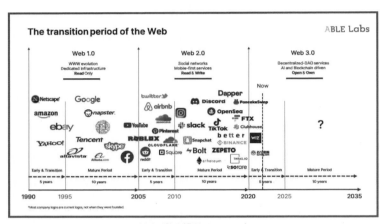

웹의 전환기 (출처: Able Labs)

유통의 흐름은 인터넷 시대를 넘어 모바일 시대로, 그다음에는 메타버스라는 가상 세계 공간으로 바뀌고 있습니다. 어떤 방식이든 결국 핵심은 인간은 소비행위를 하고 그 소비행위 방식이 변하고 있다는 점입니다. 그것을 두고 우리는 '유통 방식의 변화'라고 말합니다.

우리가 4차 산업혁명이라는 커다란 기회에 참여하는 방법은 크게 세 가지로 나눌 수 있습니다. 그것은 스스로 기술을 개발하는 것, 그 기술을 익히고 공부해 누군가의 비즈니스를 돕는 피고용인이 되는 것

그리고 시대 변화의 흐름에 맞는 방식으로 유통에 참여하는 것입니다.

그러면 그 구체적인 내용을 살펴봅시다.

첫 번째는 스스로 기술을 개발하는 것인데 개인이 4차 산업혁명과 관련된 혁신기술을 개발하거나 사업화하는 것이 가능할까요? 한마디로 쉽지 않습니다. 현재 플랫폼 기반 사업으로 양극화가 훨씬 더 심해진 것이 그것을 증명합니다.

자본력, 인력, 기술력에다 데이터 기반 사업의 토대까지 구축해 소비자 데이터로 무장한 거대기업을 이기는 것은 무척 어려운 일입니다. 이는 인터넷 혁명 당시의 벤처 바람과는 근본적으로 다른 상황입니다.

그래서 지금을 연구개발R&D 시대가 아니라 인수합병M&A 시대라고 하는 것입니다. 물론 개인이 어떤 기술을 개발할 수도 있지만 결국 거대기업에 흡수 혹은 인수될 수밖에 없는 구조입니다. 아무리 훌륭한 앱을 개발해도 구글스토어에서 운용해야 하는 탓에 30% 이상의 수수료를 제공할 수밖에 없는 것처럼 말입니다.

두 번째는 거대한 집단에 소속된 직장인으로 그 한계는 더 이상 설명할 필요가 없습니다. 무엇보다 직장인은 재정적, 시간적 자유를 누릴 수 없습니다. 더구나 그마저도 지속성이 떨어져 구조조정이나 명퇴, 시간제 근로, 비정규직 등의 현실에 직면해야 합니다.

세 번째는 지금의 자영업자처럼 유통시장에 진입하는 것인데 이 또한 그리 녹록한 일이 아닙니다. 여기에도 자본과 기술이 필요하고 더욱더 많은 시간을 투입해야 합니다. 왜냐하면 온라인에서 이뤄지는 경쟁은 감당할 수 있을 때는 유리하지만 그렇지 않은 경우에는 무한경쟁에 노출되기 때문입니다.

여기에다 거대한 플랫폼에 소속될 수밖에 없는 환경입니다. 가령 온라인 배달 매출이 늘어나도 배달앱에 제공하는 수수료를 떼고 나면 남는 것이 별로 없다는 점을 알아야 합니다.

최근 1인 인플루언서 중에는 세계인을 대상으로 유튜브나 쿠팡 등의 거대 플랫폼을 기반으로 엄청난 매출실적을 내는 사람도 있습니다. 이런 뉴스를 접하면 '혹시 나도 가능하지 않을까' 하는 생각을 할 수도 있습니다.

과연 그럴까요? 그 내막을 하나씩 생각해 봅시다.

첫째, 제품이 있어야 합니다.

둘째, 쇼핑몰이 있어야 합니다. 아니면 거대 쇼핑몰에 입점해야 합니다.

셋째, 사무실과 회사를 운영하기 위한 관리인력이 있어야 합니다. 제품과 물류시스템 관리, 제품 선정, 배달망과 업체 구축, A/S 등 사후관리, 재고관리를 해야 하니까요.

넷째, 은행이나 카드사와 운영 계약을 체결하는 등 결제 시스템을 구축해야 합니다.

다섯째, 홍보와 광고를 해야 합니다. 이는 초기사업에서 가장 신경 써야 할 부분입니다. 아마존닷컴과 국내 유수의 쇼핑몰들이 만성적자에 시달리거나 정작 쇼핑에서 얻는 영업이익이 적은 이유가 홍보비와 소비자 모집을 위한 부담 때문이라는 것은 이미 알려진 사실입니다.

그래도 이들이 꾸준히 투자하는 이유는 결국 쇼핑몰을 중심으로 시장이 형성될 것임을 알고 있고, 일단 어느 정도 수준에 도달하면 그다음부터는 게임체인저가 될 수 있어서입니다. 아마존닷컴이 플라이휠 전략(플라이휠을 돌려 일단 가속도가 붙으면 알아서 돌아가게 하는 비즈니스 전략)을 채택해 거대한 플랫폼 기업으로 거듭난 것처럼 말입니다.

여섯째, 법인설립을 비롯한 인사, 세무 관련 사항도 준비해야 합니다.

이러한 제반 준비에 각각 전문가를 투입해야 하는 까닭에 그 모든 과정에는 반드시 비용 지출이 발생하게 마련입니다.

최근에는 블로그·인스타그램·페이스북을 이용한 SNS 홍보활동과 배달의 민족, 당근마켓 등에 홍보하는 일에도 숙련된 경험과 기술이 필요해서 갈수록 할 일이 늘어나고 있습니다. 물론 대행도 가능하지만 그 수수료가 비싼 탓에 매출은 늘어도 수익률은 떨어지는 악순환이 발생할 수 있습니다.

결국 이마저도 보통 사람이 할 수 있는 아이템은 아닙니다. 아마존닷

컴의 제프 베조스, 알리바바의 마윈, 쿠팡의 김범석, 배달의민족의 김봉
진 같은 사람들이 이뤄낸 결과가 아무나 할 수 있는 일은 아닙니다.

천문학적인 투자를 끌어내는 데는 그들의 역량뿐 아니라 주변 배경
과 추진력 등 보이지 않는 많은 요소가 작용합니다. 그것을 가려둔 채
시작 당시의 초라함과 결과의 화려함만으로 모든 것을 설명할 수는 없
습니다.

어쩌면 아무나 할 수 없다는 사실이 지금의 플랫폼 경제를 만들어
낸 것인지도 모릅니다. 플랫폼을 만드는 일은 거대자본과 소비자를 설
득하는 홍보 그리고 인내를 요구합니다. 한마디로 이것은 아무나 할
수 있는 일이 아닙니다.

그렇다면 우리 같은 보통 사람이 할 수 있는 일은 무엇일까요? 우리
는 바로 이 점을 고민해야 합니다. '우리'가 어떻게 사느냐보다 더 중요
한 것은 '내'가 어떻게 사느냐입니다. 마찬가지로 '우리'가 무엇을 할 수
있느냐보다 더 중요한 것은 '내'가 무엇을 할 수 있느냐입니다.

6. 유통업체의 영원한 숙제

소비자의 변심입니다 이것은 소비자의 특권이기도 합니다

소비자는 무언가에 구속받으며 소비하길 싫어합니다. 언제든 자신

에게 이익이 되면 선택을 바꿔버리지요. 이러한 소비자의 변심은 소비자의 특권이기도 합니다. 또한 이것은 소비행위의 이유이자 소비자의 유일한 파워입니다.

세상의 돈은 90% 이상이 유통과정에 모여 있기 때문에 돈을 벌려면 그곳에 참여해야 합니다. 이는 대부분 인정하는 사실이지요. 여기서 가장 고민스러운 부분은 바로 소비자의 변심입니다.

유통업체는 이것을 극복하기 위해 온갖 방법을 동원합니다. 그중 으뜸은 광고를 기반으로 한 홍보입니다. 이를 증명하듯 2021년 기준 국내 광고시장 규모는 무려 약 14조 원에 이릅니다.

2020~2021년 매체 별 총 광고비 단위: 억 원, %

순위	매체	광고비(억 원)			성장률(%)		구성비(%)	
		'20년	'21년	'22년	'21년	'22년	'21년	'22년
방송	지상파TV	11,613	13,659	14,415	17.6	5.5	9.8	9.4
	라디오	2,181	2,250	2,301	3.2	2.3	1.6	1.5
	케이블/종편	18,916	21,504	22,507	13.7	4.7	15.4	14.7
	IPTV	1,029	1,056	1,085	2.6	2.7	0.8	0.7
	위성, DMB 등 기타	1,521	1,533	1,475	0.8	-3.8	1.1	1.0
	방송계	35,260	40,002	41,783	13.4	4.5	28.6	27.3
인쇄	신문	13,894	14,170	14,350	2.0	1.3	10.1	9.4
	잡지	2,372	2,439	2,488	2.8	2.0	1.7	1.6
	인쇄 계	16,266	16,609	16,838	2.1	1.4	11.9	11.0
디지털	검색형	29,142	36,165	40,560	24.1	12.2	25.9	26.5
	노출형	27,964	38,953	44,661	39.3	14.7	27.8	29.2
	디지털 계	57,106	75,118	85,221	31.5	13.4	53.7	55.8
OOH	옥외	3,378	3,880	4,200	14.9	8.3	2.8	2.7
	극장	601	355	800	-41.0	125.3	0.3	0.5
	교통	3,581	3,926	4,000	9.6	1.9	2.8	2.6
	OOH계	7,560	8,161	9,000	7.9	10.3	5.8	5.9
	총계	116,192	139,889	152,842	20.4	9.3	100.0	100.0

* 2022년은 전망치

자료=제일기획 제공

지금은 패권 경쟁이 방송과 신문 광고에서 유튜브 등의 디지털 광고시장으로 옮겨가고 있지만, 결국 게임의 핵심은 누가 소비자를 붙잡고 설득할 수 있느냐에 있습니다.

현실을 보자면 포털사이트 배너광고 클릭률은 0.3%에도 미치지 않지만 수많은 업체가 인터넷상에 배너광고를 내보내면서 각종 대중매체에 천문학적인 광고비를 지출하고 있습니다. 네이버나 다음 같은 포털사이트의 전체 매출액 중 50% 이상이 광고비일 정도입니다.

마일리지 제도도 소비자를 붙잡기 위한 방법 중 하나입니다. 마일리지 제도는 기업에 엄청난 부담을 안겨주지만 경쟁사에서 시행하는 까닭에 외면할 수 없는 제도입니다. 실제로 테이크아웃 전문 커피숍과 문구점은 물론 1,000원짜리 저가 제품 전문판매점인 다이소까지도 마일리지를 적립해 줍니다.

이는 단골을 확보하기 위한 업체들의 고육책이지만 소비자는 쉽게 구속되려 하지 않습니다. 그 이유는 혜택이 적을 뿐 아니라 이것이 소비행위에 절대적으로 영향을 미치는 요소는 아니기 때문입니다. 이는 절약일 수는 있어도 수익은 아닙니다.

그 밖에도 유통업체들은 각종 할인과 편의 같은 혜택을 제공합니다. 나아가 제품 디자인 차별화, 품질 향상 등의 방법을 제시하면서 고객

감동을 넘어 고객졸도를 시도하지만 차별성의 한계는 결국 경쟁력의 한계로 이어지고 있습니다.

예를 들면 최근 배달서비스 업체가 배달료를 낮추거나 무료로 제공하는 일이 업체 간 경쟁을 초래하면서 결국 제살깎기의 출혈경쟁으로 이어지고 있습니다.

거대 집단이 채택하는 또 다른 대안은 거대자본을 이용해(대형화, 무차별 가격할인 등) 경쟁자를 고사시키는 전략입니다. 아무튼 이 모든 행위의 이면에는 유통업체가 골치 아파하는 소비자 변심 문제가 숨겨져 있습니다.

7. 유통단계별 숨겨진 비밀

30%를 할인받아도 소비자는 결국 70%를 지출한 것입니다.
그리고 그중 약 40%는 유통단계 이윤입니다.

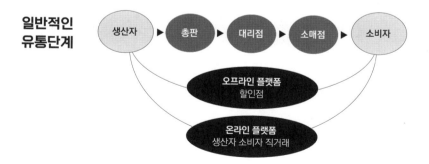

소비자가 할인점이나 전자상거래를 이용하는 근본적인 이유는 저렴한 가격과 편리성, 다양성 때문입니다. 하지만 이것은 소비자의 착각에 지나지 않습니다. 가령 가격을 할인받는 소비자는 30% 싸게 산다고 생각하지만 실은 70%를 지출한 것입니다. 결국 할인점은 소매점이 가져가던 35% 이상의 이윤을 가져갑니다.

예를 들어 100원짜리를 30% 할인받으면 70원에 구매합니다. 이는 100원이라는 가격을 전제로 한 30% 할인입니다. 시간이 지나 기준가격이 70원이 되면 소비자는 이득을 본 것이 없는 셈입니다. 그러니까 지출 주체라는 소비자의 위치에는 변함이 없는 겁니다.

소비자는 1% 미만의 마일리지 적립 혜택, 원가 이하로 판매한다는 전략상품에 넘어가 기꺼이 충동구매나 바가지 쓰기 같은 대가를 치릅니다. 업체들이 할인점, 쇼핑몰 등의 플랫폼에 거대자금을 투자하는 이유가 여기에 있습니다.

소비자는 유통단계 축소에 따른 단순 가격할인 혜택에 넘어가 충동구매, 과다구매 등의 대가를 치르고 거대자본가는 분산된 유통마진을 통합해 이득을 취하기 때문입니다. 이는 유통 생태계에 참여한 소규모 유통업자의 몫을 거대자본이 독점함으로써 양극화와 부의 독점이란 폐해를 낳는 요인입니다.

8. 유통 발전의 최종 단계는 무엇일까

● 소비자가 이익의 주체가 될 수 있는가?
● 중앙화된 시스템이 제공하던 신뢰는 누가 확보하느냐?

5년 전 예측
생산자와 소비자가 거대한 공간에서 유통 = **플랫폼 경제**

향후 모습
생산자와 소비자 연합체가 직접 연결되는 구조의 유통 = **프로토콜 경제**

위 두가지 고민에 대한 답이 향후 유통을 주도할 것입니다.

5년 전만 해도 플랫폼 경제, 즉 생산자와 소비자가 온라인 쇼핑몰에서 거래하는 형태의 유통이 최종 단계일 것이라고 예측했습니다. 이것은 일명 웹 2.0 시대를 말합니다. 그러나 그것마저도 생산자와 소비자의 직접 거래는 아니었습니다. 거대한 플랫폼이 필요했지요. 간혹 개인이 운영하는 파워블로그나 쇼핑몰이 대형으로 성장하는 사례도 있었으나 그것은 아주 극소수입니다.

왜 그럴까요? 소비자가 저렴한 가격이라는 장점 외에도 플랫폼을 외면할 수 없었던 커다란 이유가 있었기 때문입니다. 그것은 바로 신뢰입니다. 누군가가 품질, 공급 약속, 결제, 반품, AS 등을 신뢰할 수 있도록 뒷받침해 주어야 했던 것입니다. 거대한 플랫폼 소유자들이 이 모든 것을 일괄적으로 해결해 준다고 하자 수많은 소비자가 모여든 겁니다. 이것이 아마존이나 알리바바, 쿠팡 같은 거대 유통업체가 탄생한 이유입니다.

그런데 그 거대 플랫폼이 결국 우리의 경제 생태계를 말라 죽게 하고 있습니다. 앞서 말한 양극화와 부의 독점, 데이터 비대칭 문제를 초래하는 것은 물론 소비행위에서 의사 결정권마저 빼앗고 있기 때문이지요.

이들은 소비자의 눈빛 하나까지도 빅데이터로 분석해서 소비심리를 예측하고 자동 구매 시스템으로 공급하려 합니다.

이러한 변화 앞에서 소비자들은 어떤 선택을 하려 할까요? 소비자가 만족하는 유통의 모습이 무엇일지 예측하는 것은 그리 어려운 일이 아닙니다. 먼저 소비자는 자신의 소비결정권을 빼앗기려 하지 않을 겁니다. 또한 소비자로서 유통에 직접 참여하려 할 것입니다.

문제는 앞에서 말한 신뢰를 무엇으로 담보할 것인가 하는 점입니다. 다행히 이제는 신뢰 문제를 기술적으로 해결할 수 있습니다. 블록체인 기술 덕분이죠. 블록체인을 기반으로 하면 분산된 불특정 다수의 개체가 서로 연결되어 어떤 활동을 해도 신뢰를 확보할 수 있습니다.

이는 곧 소비자가 연합할 경우 플랫폼과 마찬가지로 유통의 주체로 부상할 수 있다는 의미입니다.

같은 맥락에서 앞으로 유통은 소비자 연합체가 제시하는 조건에 따라 생산자가 공급하는 방식으로 발전해 갈 것입니다. 이것이 앞에서 살펴본 웹 3.0 시대입니다.

9. 블록체인 기술과 신용확보 방법 변화

혁명이라고 불릴 만큼 최첨단 기술 중 하나로 여겨지는 블록체인의 실체는 무엇일까요? 블록체인을 기반으로 한 가상자산은 왜 '노드'라고 불리는 사용자들을 모으는 과정에서 네트워크 마케팅 방식이나 리퍼럴마케팅 방식을 취하거나 그 방식을 유사하게 변용해 적용할까요?

간단하게 정리하면 블록체인은 보안기술이고 그 보안이 탈중앙화한 방식으로 가능한 기술입니다. 탈중앙화란 중앙의 통제력을 기반으로 신뢰를 제공하던 학교, 은행, 기업, 단체 등의 역할이 필요 없어진다는 의미입니다.

그런데 재밌게도 첨단 기술을 접목한 가상자산은 사용자를 모으고 그 범용성을 확장하는 방법으로 기존 네트워크 마케팅 방식을 사용하고 있습니다. 여기에는 두 가지 의미가 있습니다.

첫째, 가장 빠르고 가장 넓게 가장 적은 비용으로 소비자를 구축하는 유일한 방법이 네트워크 마케팅이나 리퍼럴마케팅이란 것을 인정한다는 점입니다.

둘째, 어떤 첨단 기술을 접목한 혁신 제품이나 서비스가 나와도 소비자 네트워크를 구축하는 일은 사라지지 않는다는 겁니다.

세상에는 고학력 부모가 많은데 그래도 그들이 자녀를 학교에 보내는 이유는 무엇일까요? 직접 가르칠수 있거나 오히려 더 잘 가르칠 수 있을텐데도 말입니다. 학교 시스템의 과정과 능력을 인정하고 신뢰하기 때문입니다. 학교라는 시스템이 제공하는 신뢰를 확보할 수 없기 때문입니다. 그럼 우리가 은행을 기반으로 금융거래를 하는 이유는 무엇입니까? 은행이 신용이라는 역할을 담보하니까요. 소비자가 백화점이나 대형 쇼핑몰을 이용하는 이유는 무엇입니까? 그곳이 신뢰를 제공해서 그렇습니다.

결국 우리가 소비하는 제품 가격 중 상당 부분은 신뢰를 위한 값입니다. 이러한 신뢰를 제공한다는 명분으로 거대 플랫폼은 엄청난 부를 축적하고 있습니다. 중앙통제 역할을 하려 하거나 그 역할을 대신하려는 시도가 비즈니스인 셈입니다.

여기에는 천문학적인 자본과 인력, 기술 등이 필요합니다. 결국 이것이 우리 사회의 기득권으로 자리 잡고 있습니다.

직거래를 할 수 있는 환경이 얼마든지 만들어져 있습니다. 그러나 쿠팡같은 거대 플랫폼을 이용하는 이유는 상호간의 신뢰를 확보할 수 없기 때문입니다. 품질과 결재라는 행위에 대한 신뢰를 담보해 주고 플랫폼은 수수료를 받는 것입니다.

만약 기득권을 가진 누군가가 신뢰를 자신에게 유리하도록 통제한다면 어떻게 될까요? 또는 누군가가 신뢰의 상징인 시스템을 파괴한다면 어떻게 될까요? 다시 말해 어딘가에 축적해 둔 개개인의 정보를 자신들에게 유리하게 사용하거나 누군가가 그것을 해킹한다면 어떻게 될까요?

우리가 무심코 가입하면서 제공한 개인정보나, 친구와의 문자가 누군가에 의해 빅데이터로 분석되고 있고 그 정보를 근간으로 마케팅 행위가 일어나고 그것을 바탕으로 플랫폼에서는 엄청난 부를 축적하고 있습니다.

이런 문제를 해결하기 위해 우리가 채택한 방법이 바로 상호 견제하는 것입니다. 하지만 그 견제 시스템 중 가장 우수하다고 하는 민주주의와 자본주의는 너덜너덜하게 손상을 입었습니다. 4차산업혁신 기술이란 것이 지금까지의 중앙화된 시스템을 해체하려고 합니다. 그것을 지키려는 세력과 그 사이에서 심판을 보려는 세력이 치열하게 전쟁을 치루는 모습이 요즘 우리가 매일같이 목격하는 것입니다.

그럼 어떻게 해야 할까요? 이 문제를 근본적으로 해결할 수 있는 것이 바로 블록체인 기술입니다. 이 기술을 이용하면 위에서 말한 모든 고민을 해결할 수 있습니다. 기술적인 세세한 내용은 독자들의 몫으로 남겨두려 합니다.

어쨌든 그 기술이 신뢰를 담보한다면 신뢰 제공을 이유로 존재하던 모든 거대조직의 위상은 사라지거나 달라질 것입니다. 유통도 마찬가지입니다. 그리고 유통을 돈의 흐름으로 본다면 당연히 은행도 마찬가지입니다.

이 경우 남는 과제는 어떻게 소비자가 모이게 할 것인가와 누가 그 역할을 할 것인가의 문제입니다. 어떤 형태로 변화가 일어나도 결국 그 역할을 하는 주체가 부의 핵심에 설 것이기 때문입니다.

10. 어떻게 소비자가 모이게 할 것인가

최대 관건은 어떻게 소비자가 모이게 할 것인가입니다. 소비자의 구매요인은 품질, 가격, 가성비, 브랜드, 디자인, 희소성 등 수없이 많습니다.

지금까지 소비자가 모이게 하는 방식이 곧 유통 방식이었다고 해도 과언이 아닙니다. 제품은 품질에서 가성비와 편리성으로 발전해 왔고 그 편리성을 제공하는 방식도 대형 쇼핑몰에서 온라인과 모바일로 바뀌어왔습니다.

시장 역시 소비자가 직접 구매하는 형태에서 한곳에 모아놓고 판매하는 대형할인점으로, 그리고 요즘에는 배달해 주는 것으로 발전했습니다. 최근에는 배달마저 당일배송, 새벽배송 형태로 차별화하고 있고 정기배송 등의 구독경제로 변화하고 있습니다. 이 모든 것은 어떻게 소비자를 모을 것인가를 고민한 결과입니다.

이러한 혜택과 편리함을 동시에 제공하는 업체가 플랫폼 기업이고 그로 인해 부작용이 나타나고 있다는 것은 앞에서 얘기했습니다.

이것을 자각하는 소비자가 점차 늘어나면 어떻게 될까요? 많은 전문가가 그들이 소비자 연합체를 구축하는 것이 유통의 마지막 모습일 거라고 예측합니다. 바로 프로토콜 경제지요. 이를 프로슈머 마케팅이라고 표현하기도 합니다. 이것은 소비자 연합체가 생산자와 직접 거래하는 방식으로 그 신뢰는 블록체인 같은 신기술로 확보합니다.

그런데 이 구조는 일찍이 네트워크 마케팅으로 불리던 비즈니스 모델과 매우 흡사합니다. 프로슈머 마케팅에서 소비자를 모으는 논리는 이렇습니다

첫째, 할인 혜택, 배달, 쇼핑의 편리성, 소비자보증제도 등 기존 할인점과 쇼핑몰의 혜택을 부여한다.

둘째, 기존 할인점이나 쇼핑몰 주인이 가져가던 이윤을 소비자에게 적정하게 돌려준다. 결국 소비행위가 소득을 만드는 구조가 가능하다.

이 방식에 만족하는 소비자가 자발적으로 더 많이 모이고 그에 따라 성과도 더 커지는 비즈니스 모델이 네트워크 마케팅이자 프로슈머 마케팅입니다.

이것이 가능하기 위해서는 다음 조건을 충족해야 합니다.

첫째, 물류 시스템(택배 등)이 발달해야 합니다.

둘째, 통신 등 의사전달 시스템(전화, 인터넷)이 발달해야 합니다.

셋째, 금융 결제 시스템(텔레뱅킹, 신용카드 등)이 발달해야 합니다.

그동안 소비자를 모으는 역할은 대개 중간 유통 담당자가 수행했고 그들은 그 대가로 돈을 벌었습니다. 하지만 유통이 온라인상의 직거래

로 변화하면서 그 역할은 거대한 플랫폼 기업의 몫으로 돌아갔습니다. 알다시피 이것 역시 극심한 소득불균형과 물품 공급자들을 착취하는 형태의 부작용을 낳고 있습니다.

이런 이유에서 마켓 플레이스 역할을 하던 플랫폼을 대체할 소비자 연합체가 필요해지고 있습니다. 이 시대적 상황과 맞아떨어지면서 대안으로 급부상하는 것이 바로 프로토콜 경제입니다. 그런데 흥미롭게도 그 프로토콜 경제는 그동안 편견에 시달려온 네트워크 마케팅이나 프로슈머 마케팅과 맥을 같이하고 있습니다.

소비자 연합체 구축을 비즈니스 관점에서 진행하는 사람을 네트워커라고 합니다. 이들은 그 대가로 할인점이나 백화점 주인이 가져가던 이윤을 돌려받습니다. 네트워커는 이러한 혜택을 공유하고자 하는 사람을 계속해서 네트워크화합니다. 그것이 곧 그들의 사업입니다.

예를 들면 300가구가 사는 아파트 상가를 분양받지 않아도 소비자 300명이 인터넷 쇼핑몰에서 소비하게 하면 양질의 제품을 싸고 편리하게 사면서도 아파트 상가를 운영하는 사람처럼 이윤을 돌려받을 수 있습니다.

미국 경제 전문지 〈월스트리트저널〉은 "향후 10년 내 미국의 모든 상품과 서비스의 50~60%가 네트워크 마케팅으로 유통될 것이다." 라고 했습니다.

또한 스위스의 글로벌 투자은행IB 크레디트 스위스가 발표한 〈2019 글로벌 웰스 보고서Global wealth report 2019〉에 따르면 전 세계 만 20세 이상 성인 중 부채를 뺀 부동산과 금융 자산 등을 합쳐 100만 달러(한화 약 11억 7,000만 원) 이상을 보유한 백만장자는 4,680만 명인 것으로 나타났습니다.

백만장자가 가장 많은 국가는 미국(1,861만 명)으로 세계 백만장자의 40%를 차지했습니다. 중국과 일본은 각각 444만 명, 302만 명으로 2위와 3위에 올랐으며 영국(246만 명)과 독일(218만 명)이 그 뒤를 이었습니다. 한국은 14위로 74만 1,000명이 백만장자에 이름을 올렸는데 그 비율은 세계 백만장자의 1.6%입니다.

굳이 이러한 데이터가 아니더라도 네트워크를 구축한 사람이 많은 부를 축적하는 것은 어렵지 않게 볼 수 있고 또 보아온 것이 사실입니다.

이제 사업의 본질은 소비자를 모으는 일을 하는 것이 아니라 어떻게 하면 소비자가 모이게 할 수 있는지 고민하고 참여하는 일입니다. 소비자 모으기에 성공한 가장 대표적인 사업은 플랫폼 비즈니스입니다.

2020년 9월 주요 이커머스 앱 순이용자수 추이를 분석한 결과 쿠팡(1689.5만 명)이 압도적인 격차로 1위를 차지했습니다. 그다음으로는 11번가(993.3만 명), 지마켓(817.2만 명), 위메프(760.4만 명), 티몬(650.8만 명), 옥션(561.3만 명), GS SHOP(470.5만 명), 홈앤쇼핑(406.9만 명),

CJmall(364.8만 명), 현대Hmall(319.5만 명) 순으로 이용자수가 많았습니다(출처: '테크월드뉴스').

금융결제원 보고서에 따르면 2021년 5월 기준 금융 플랫폼 월간 순이용자수는 카카오페이(2,000만 명), 네이버페이(1,400만 명), 카카오뱅크(1,154만 명) 순으로 높았습니다. 전통 금융업계 플랫폼은 KB스타뱅킹 1,057만 명, 신한쏠 827만 명, 하나원큐 512만 명으로 빅테크 기업의 플랫폼보다 비교적 낮은 이용자수를 보였습니다.

한편 모바일인덱스가 2021년 8월 기준 국내 안드로이드 운영체제 OS를 대상으로 조사한 SNS 월간활성이용자수MAU는 네이버 밴드가 1,657만 명으로 가장 많았습니다. 이어 인스타그램 1,165만 명, 카카오스토리 976만 명, 페이스북 963만 명, 네이버 카페 509만 명, 틱톡 304만 명 순이었습니다.

국내 소셜 미디어 연령별 월평균 이용자 수 단위: 명

	10대	20대	30대	40대	50대
1위	221만	493만	440만	502만	544만명
2위	191만	386만	319만	298만	297만명
3위	86만	178만	268만	266만	177만명

※ 월 평균 이용자 수는 2020년 1분기(1~3월) 내 월별로 발생한 이용자 수의 산술평균값
자료=DMC미디어

11. 이것 말고 다른 대안은 없나

분명 대안이 있습니다. 바로 로버트 기요사키가 《부자 아빠 가난한 아빠》에서 말한 다음 방법입니다.

> ① 시스템을 직접 만듭니다.
> ② 시스템을 삽니다.

그 구체적인 내용을 살펴보면 이렇습니다.

먼저 시스템을 직접 만드는 방법은 FANG(페이스북, 아마존, 넷플릭스, 구글) 창업자처럼 창업하는 것을 말합니다. 물론 여기에는 여러 가지 조건이 필요합니다. 크게 분류해 다음 다섯 가지가 있어야 하지요.

> ① 자본, 아이템
> ② 우수한 인력
> ③ 기술, 전문지식 등의 경쟁 요소
> ④ 열정과 투지
> ⑤ 각종 장치와 시설

이런 조건을 충족하더라도 현실에서는 100개 기업 창업 시 성공률이

5%에 지나지 않습니다. 현상 유지 비율은 15%인데 이들은 다시 5년 내에 실패하고 맙니다. 결국 실패율이 무려 80%에 달하는 셈입니다.

그럼 시스템을 사는 방법은 어떨까요? 이는 누군가가 프랜차이즈 형태로 만든 시스템을 사는 것을 말합니다. 여기에 필요한 조건은 다음과 같습니다.

> ① 자본(가맹비, 점포 구입비나 임대료 등): 1억~10억 원
> ② 운영인력 등

당신은 어떤 방법을 선택할 수 있습니까? 만약 선택할 수 있다면 그 실현 가능성은 얼마나 됩니까? 프랜차이즈가 좀 더 무난해 보일 수 있으나 그 수익성이 자신의 인건비를 조금 상회하는 정도라는 점에서 그리 권할 만하지 않습니다.

결국 실질적인 방법은 시스템을 직접 만드는 것뿐입니다.

12. 우리에게 필요한 대안은?

> 첫째, 우리가 현재의 조건에서 시작할 수 있어야 합니다.
> 둘째, 수익의 안정성, 지속성, 합리성, 도덕성, 수익성을 확보해야 합니다.

프로슈머 마케팅의 의미

내가 할 수 있다 + 한 만큼 결과가 나온다.

성공을 위해 무엇으로 대가를 치를 것인가요?

돈, 기술, 인적 인프라 + 성실성 + 열정

당신은 이런 요소를 충분히 갖추고 있습니까?

또 실패했을 경우 리스크를 감당할 수 있습니까?

프로슈머 마케팅을 하려면 퇴근한 뒤나 일과 후에 2~3시간을 투자할 수 있어야 합니다. 동시에 이루고자 하는 꿈이 반드시 있어야 합니다. 이러한 조건을 충족하면 프로슈머 마케팅을 할 수 있습니다.

컨설턴트인 리처드 코치는 《적게 일하고 잘사는 기술》에서 80:20 법칙을 이렇게 소개하고 있습니다.

- 내가 올리는 생산성의 80%는 20%의 시간에서 나온다.
- 모든 부의 80%는 20%가 갖는다.
- 매출이익의 80%는 20%의 단골이 만든다.
- 범죄자 20%가 늘 범죄의 80%를 저지른다.
- 전체 에너지의 20%만 자동차를 움직이는 데 쓰인다.

이 내용에서 보듯 맹목적인 노력이 성공을 가져다주는 것은 아닙니다. 중요한 것은 초과근무를 '열심히' 하는 게 아니라 핵심적인 소수를 찾아내는 '안목'을 갖추는 일입니다.

같은 맥락에서 사업을 검토할 때 핵심은 '내가 할 수 있는가' 하는 점입니다. 프로슈머 마케팅 사업의 최대 단점은 꿈이 없는 사람은 할 수 없다는 것입니다.

기회가 왔을 때 도망치지 않아야 합니다. 그것도 습관이 되기 때문입니다.

삶에서 도망치는 태도가 습관화하면 아무리 좋은 기회가 와도 당신은 도망치고 말 것입니다. 다시 말하건대 기회가 왔을 때 도망치지 마십시오.

6장

프로슈머 마케팅과
슈링크 비즈니스

6장
프로슈머 마케팅과 슈링크 비즈니스

앞으로 네트워크 마케팅은 프로토콜 경제란 이름으로 불릴 것입니다. 프로토콜은 어딘가에 소속되거나 구속을 받는 제한적인 소비자 집단이 아닙니다. 이들은 새로운 네트워크와 유기적으로 연대하다가 언제든 해산할 수 있고 그 반복은 자연스러운 조직의 특성입니다. 이 점에서 향후 네트워크 마케팅은 프로토콜 경제라는 또 다른 이름으로 불릴 전망입니다.

중요한 것은 소비자 연합체가 유통의 핵심이라는 근원적 문제는 변하지 않는다는 점입니다. 단지 호칭만 달라질 뿐이지요. 다시 말해 소비자 집단을 형성하는 사람의 중요성은 어떤 상황에서도 변하지 않고 이들은 언제든 대우를 받습니다.

저는 강력한 소비자 연합체를 구축하는 역할을 하는 사람을 슈링커라고 부릅니다. 이는 컨슈머consumer와 링커링linkering을 결합한 용어입니다.

1. 프로슈머 마케팅, 네트워크 마케팅, 프로토콜 경제

아무리 이러니저러니 해도 결국 유통의 핵심은 '소비자가 얼마나 모이게 할 것인가'에 있습니다. 자발적이든 어떤 시스템으로든 소비자가 많이 모이게 하는 것이 핵심입니다.

어떻게 하면 소비자가 많이 모이게 할 수 있을까요? 이 질문이 모든 유통업체의 가장 큰 과제입니다. 물론 그에 따른 아이디어는 수없이 많을 것입니다.

흔히 다단계나 네트워크라고 불리면서 늘 비판의 대상으로 남아 있던 방법도 그중 하나입니다. 이것은 엄연히 법적 테두리 내에서 진행하고 있음에도 불구하고 여전히 폄훼와 질시의 대상으로 남아 있습니다.

그 엄청난 저항과 부정적인 인식 속에서도 이러한 방식의 마케팅이 아직도 사라지지 않는 이유는 무엇일까요? 최근 들어 4차 산업혁명 혁신기술을 기반으로 한 제품이 나올 때마다 공공연히 이 방식의 마케팅을 가장 먼저 시도하는 것은 어떻게 해석해야 할까요?

실제로 지금은 화장품이나 건강보조식품을 넘어 블록체인 기술을 활용한 가상자산과 최첨단 바이오테크놀로지를 기반으로 한 제품, 금융상품, 메타버스 시장까지 그 영역이 무한으로 확장되고 있습니다.

이것은 단순히 인간의 끝없는 욕망이나 심리적 요인으로만 해석할 일은 아닙니다. 혹시 이 방식만큼 효과적이고 강한 효과를 내는 마케팅 수단이 없기 때문이 아닐까요? 그렇습니다.

이 방식은 가장 적은 비용으로 가장 빠른 시간 안에 소비자를 확보할 수 있는 방법입니다. 거대한 물리적 공간을 확보하는 비용이나 천문학적인 광고비를 쓰는 대신 그 돈을 소비자에게 직접 돌려주겠다는 개념에는 아무 문제가 없습니다. 문제는커녕 오히려 권장해야 할 비즈니스 모델이 아닐까요?

실은 그동안 제도권 내에 있던 거대한 자본 집단도 용어만 다르게 표현했을 뿐 비슷한 방식으로 네트워크 마케팅에 참여해 왔습니다. 한동안 유행하다가 최근 공식적으로 사용하는 프로슈머라는 용어도 마찬가지입니다.

프로슈머란 소비하면서 돈을 버는 사람이란 뜻으로 이는 앨빈 토플러가 사용했다고 알려지면서 유명해진 용어입니다. 소비자가 단순 소비자로 존재할 때는 수익을 올릴 수 없습니다. 아무리 할인을 받더라도 그것은 그저 절약일 뿐입니다.

반면 자신의 소비행위를 다른 사람에게 구전하거나 더 많은 사람에게 알려서 소비자 네트워크를 구축하면 진정한 수익을 창출할 수 있습니다. 이런 점에서 프로슈머는 사실상 네트워크 마케팅과 다를 것이 없습니다. 오히려 프로슈머의 소비행위는 네트워크 마케팅의 그것과 같다고 봐야 합니다.

중요한 것은 소비자 연합체가 유통의 핵심이라는 근원적 문제는 변하지 않는다는 점입니다. 단지 호칭만 달라질 뿐이지요. 다시 말해 소비자 집단을 형성하는 사람의 중요성은 어떤 상황에서도 변하지 않고 이들은 언제든 대우를 받습니다.

저는 강력한 소비자 연합체를 형성하는 역할을 하는 사람을 슈링커라고 부릅니다. 이는 컨슈머consumer와 링커링linkering을 결합한 용어입니다.

2. D2C마케팅

D2C마케팅이란 Direct to consumer의 약자입니다. 기존 유통방식에서 플랫폼을 거치지 않고 자사몰이나 각종 SNS 채널을 통해 기업이 고객에게 직접 판매하는 방식을 말합니다. 최근들어 위에서 언급한 플랫폼 기반 경제의 폐해에 대응해서 일어나는 현상으로 주목받고 있습니다. 물론 예전에도 기업이 자체 홈페이지등을 통해 제품판매를 안했던 것은 아닙니다. 그러나 결국 노출을 결정하는 광고라는 것이 거대자본집단에 통제를 받는 상황에서 한계를 가질 수 밖에 없었습니다.

질레트라는 면도기가 '남자가 가질 수 있는 최선'이란 광고로 프리미엄 면도기를 내놓고, 광고비만 6천만 달러를 사용했습니다. 당연히 면도기 가격이 올라갔습니다. 그러나 지금은 상황이 달라졌습니다. 훨씬더 많은 채널이 만들어졌고 또한 결제 시스템이나 신뢰 확보 방법도 발전했습니다. 기존 플랫폼이란 유통채널을 이용하지 않으므로 수수료를 절감할 수 있고, 가격이나 비용 절감 등의 경쟁력을 갖출 수 있는 환경이 조성된 것입니다.

마이클 두빈은 질레트에 맞서 달러쉐이브클럽을 창업해서 면도날을 배달하는 방식의 창업을 했습니다. 그리고 고작 530만원짜리 광고를 만들어 홍보로 대박을 터트렸습니다.

아마존이란 플랫폼을 이용하던 나이키나 프라다와 같은 업체들도 시도하고 있습니다. 나이키의 경우 아디다스의 브랜드 파워가 올라가자 D2C 전략에 돌입했습니다. 아마존 판매망 철수는 물론 중간유통망도 철수하여 기존 3만개 매장을 40여 개로 축소하고 중간 유통망에 전용 멤버십 '나이키 플러스' 초대형 매장을 설치했습니다.

특히 거대 플랫폼에 의존하여 유통을 할 경우 소비자 정보를 확보하지 못한다는 측면에서 매우 취약할 수 있습니다. 고객 데이터를 빅데이터 분석을 통해 보다 디테일하게 서비스를 제공할 수 있어야 한다는 점에서 종속적 유통구조를 벗어나려고 하는 것입니다. 전용 앱 등을 통해 직접 소비자 데이터를 관리하는 시스템을 구축합니다.

D2C 마케팅에는 브랜드 파워와 상품의 고유 경쟁력 그리고 고객충성도라는 3요소가 필요합니다. 문제는 고객과의 접점에서 일어나는 상호작용을 고객충성도로 연결시켜내는 일을 모든 회사가 감당할 수 있을지는 의문입니다. 특히나 브랜드파워가 없는 상품의 경우는 더더욱 그럴 것입니다. 이런 점에서 소비자를 접점에서 대응해 주는 보완적 혹은 대체적인 마케팅 조직이 필요합니다. 고객과의 커뮤니케이션을 디지털 방식으로 대응할 수밖에 없을 것입니다. 이런 점에서 D2C 마케팅은 Digital to Consumer라고 부르기도 합니다.

이 또한 결국 소비자를 접점에서 모으고 소통하는 역할은 어떤 유통형태에서도 불변하다는 점을 알 수 있습니다.

불특정 다수를 모을 것이냐 아니면 이미 모여있는 소비자 집단과 연대할 것이냐에서 연대하여 결속되어 있는 소비자 집단이 파워를 가지게 될 것은 너무나 자명할 것입니다.

3. ESG 경영과 소비자 네트워크

최근 경영에서 ESG가 매우 중요한 과제로 부상하고 있습니다. ESG는 기업의 비재무적인 환경Environment, 사회Social, 지배구조Governance를 의미하는데 이 용어는 지속가능 경영의 핵심 요소로 부상하고 있습니다.

오늘날 지구촌은 지속가능 성장을 위해 해결해야 할 시급한 과제를 안고 있습니다. 이는 주로 기후 위기가 촉발한 여러 가지 문제입니다. 구체적으로 말하면 우리는 과도한 경쟁이 촉발한 자연 파괴와 인권 말살, 불평등 그리고 주주 이익 중심의 의사결정 시스템을 개선해야 합니다.

그동안 이것은 권장 사항이었습니다. 이는 '하면 좋은 것'이라는 관점입니다. 그러나 이제는 '하지 않으면 안 되는' 필수사항으로 접근하고 있습니다. 바로 이것이 새로운 국제질서입니다. 흥미롭게도 여태껏 주주 이익을 최우선으로 해서 의사결정을 해온 투자기관들이 더 적극적입니다. ESG에 반하는 경영을 하다가 순식간에 소비자에게 외면받는 기업이 늘어나자 위기감을 느꼈기 때문이지요.

예를 들어 세계 최대 자산운용사인 블랙록은 ESG 경영에 반하는 기업에는 투자하지 말 것과 더불어 이전에 투자한 자금도 회수하라는 지침을 내렸습니다. 이제 기업들은 생존을 위해 ESG를 도입해야 하는 상황입니다.

각국 정부와 정상도 이러한 움직임에 동조하고 있습니다. 2050년까지 지구의 온도상승을 2도 이내로 제한해야 하는 까닭에 RE100(재생에너지 100%) 같은 요건을 달성하지 못하는 기업은 각종 불이익을 받을 전망입니다.

한마디로 요약하면 그간 지구촌은 주주자본주의 시스템으로 경영을 해왔으나 이제는 이해관계자 자본주의로 전환해야 합니다. 이러한 변화에 동참하지 못하는 기업과 조직은 도태될 수밖에 없다는 것이 ESG 경영의 핵심입니다.

왜 ESG 경영을 네트워크 마케팅이나 프로토콜 경영과 함께 언급하느냐고요? 여기에는 그럴 만한 이유가 있습니다.

네트워크 마케팅 업체들은 공통적으로 자연 친화적이라는 특성을 지니고 있습니다. 또한 누구든 차별하지 않는다는 평등주의는 네트워크 마케팅의 커다란 장점 중 하나입니다. 결국 소비자 네트워크를 기반으로 한 비즈니스 모델을 채택한 네트워크 마케팅은 소비자 연합체를 배제한 의사결정을 할 수 없는 지배구조를 갖추고 있습니다.

사실 네트워크 마케팅을 비즈니스 모델로 선택한 업체들은 전통 기업들이 이제야 현안으로 인식하고 고민하는 ESG 경영을 이미 수십

년 전부터 해오고 있었습니다. 그 점에서 네트워크 마케팅 업계는 이제야말로 기회를 맞고 있는 셈입니다.

다른 용어를 사용한다고 해서 그 본질이 달라지는 것은 아닙니다. 네트워크 마케팅의 특징은 한마디로 이해관계자 자본주의입니다. 수십 년간 준비해 온 업계와 이제 시작하는 기업 중 어느 쪽이 더 많은 기회를 누릴지는 굳이 설명할 필요도 없겠지요. 이것이 엄청난 장점인지 인지하지 못하는 사람은 결국 그 기회를 살리지 못할 것입니다.

4. 프로토콜 경제와 DAO 사회

이 세상에 새로운 것은 없습니다. 다만, 다르게 불려질 뿐입니다. 단골고객 연합체, 네트워크 마케팅, 프로슈머 마케팅, 소비자 연합체, 프로토콜 경제 그리고 DAO 사회는 본질적으로 같은 말입니다. 단지 우리가 다르게 부르고 있을 뿐입니다.

명칭을 부여하거나 바꿀 때는 흔히 어떤 표현의 부정적 측면을 감추거나 희석합니다. 더러는 수단이나 상황 변화를 반영해 다르게 부르기도 합니다. 중요한 것은 어떤 식으로 부르든 그 근간이 바뀌는 것은 아니라는 점입니다.

이들 용어의 본질은 결국 구매 파워의 지속성에 있습니다. 구매 파워는 소비자 연합체의 결속력과 크기가 결정합니다. 그 소비자 연결을 어떤 수단으로 만드느냐에 따라 용어가 달라집니다. 아울러 연결한 소비자들의 역할 크기에 따라서도 다르게 표현합니다. 그러니 어떤 용어에 보이는 선입견보다 중요한 것은 그 본질이 무엇인가 하는 점입니다.

소비자 없는 제품은 존재하지 못합니다. 아니, 경영의 목적은 바로 소비자 확보에 있습니다. 실제로 기업은 소비자를 확보하기 위해 가격, 품질, 서비스, 브랜드는 물론 기업이 추구하는 가치나 사명까지도 활용합니다.

그럼 앞으로 미래 주주자본주의를 대체할 것이라며 최근 주목을 받고 있는 DAO 사회를 간단히 알아봅시다. DAO는 Decentralized Autonomous Organization의 약어로 DAO를 시작한 사람들이 합의한 약속인 코드에 따라 움직이는 조직을 의미합니다.

여기서 코드란 스마트 컨트랙트(스마트 계약)를 말합니다. 용어가 어렵게 느껴질 수 있지만 알고 보면 아주 쉽습니다. 이는 소비자들이 직접 의사결정에 참여하는 것을 뜻합니다. 이를 위해서는 무언가 합의한 규약이 있어야 합니다. 문제는 그 규약을 지킬 거라는 신뢰를 어떻게 확보하느냐 하는 점인데, 이것이 가능한 기술이 바로 블록체인을 기반으로 한 프로토콜입니다. 그 분산화한 자율적인 의사결정 조직을

DAO라고 하는 것입니다.

예를 들어 어떤 의류 제조업체가 있다고 가정해 봅시다. 이 회사가 소비자에게 의견을 물어 의류를 디자인하고 제품을 생산하는 것은 지금껏 많은 기업이 취해온 전통적인 의사결정 방식입니다. 반면 DAO는 소비자들이 직접 원하는 디자인을 결정하고 그렇게 결정한 디자인대로 생산하는 방식을 말합니다.

다시 말해 주주나 경영진이 무언가를 일방적으로 결정하는 구조가 아니라 어떤 네트워크에 참여하거나 권한을 위임받은 주체들이 협의하는 구조입니다. 한마디로 DAO는 기존 의사 결정 프로세스가 바뀐 개념입니다.

순서가 바뀌었다는 것은 그 주도적인 역할이 바뀌었음을 의미하고, 당연히 그 역할에 따라 보상 주체도 달라집니다. 결국 DAO는 소비자가 의사결정에 참여하고 그에 따라 보상을 받는 개념입니다.

이러한 방식은 그동안 네트워크 마케팅이라는 비즈니스 모델을 채택한 업체에서 많이 해온 말과 그 맥락이 유사합니다. 그 점에서 DAO 사회가 주주자본주의를 대체할 것이라는 미래사회는 이것을 이미 상당 부분 연습해 온 네트워크 마케팅을 기반으로 한다고 해도 과언이 아닐 겁니다.

5. 4차 산업혁명과 소비자 생태계의 지속가능성

① 최첨단 혁신기술 기반 제품은 누가 유통할까요?

② 소비자는 소비행위의 쾌감을 인공지능에 양보할까요?

③ 지금이라도 4차 산업혁명 혁신기술을 익혀 참여할 방법이 있나요?

4차 산업혁명이란 모든 사물에 정보통신 기술을 접목하는 것을 말합니다. 이러한 기술은 유통에 가장 먼저 접목하고 있습니다. 특히 빅데이터를 이용한 소비패턴 예측과 맞춤형 제품 선택 부분에서 혁신이 일어나고 있습니다.

인공지능, 3D 프린트, 클라우드, 5G 통신, 생명공학, 로봇, 첨단소재, 블록체인 같은 혁신기술이 4차 산업혁명의 핵심입니다. 앞으로 이러한 기술을 바탕으로 한 첨단제품이 수없이 쏟아져 나올 것입니다.

나아가 소비자의 구매행위를 자동 주문이나 사전 예측 등의 방법으로 무력화하려는 기업 집단의 노력과 소비자들이 누리고자 하는 소비의 즐거움이나 소비자로서 대우받으려는 욕구의 충돌은 앞으로도 이어질 전망입니다. 최근에 등장한 구독경제나 사전주문 시스템 등은 모두 소비자의 마음을 자신의 제품에 묶어놓으려는 기업 집단의 시도입니다.

설령 기업이 소비자의 패턴을 분석해 자동화할지라도 소비자가 그것을 인지하는 순간 소비자는 이를 거부하려 들 것입니다. 처음 한두 번은 신기할 수 있으나 나를 들여다본다는 것을 인지하는 순간 사람의 소비 행동은 달라지게 마련입니다.

아무리 첨단 기술을 이용해서 만들지라도 제품을 생산하는 최종 목적은 결국 '소비'에 있습니다. 따라서 누군가는 유통에 참여해야 합니다. 이런 이유로 자율적이고 생산적인 소비자 집단의 네트워크 파워는 결코 지구상에서 소멸하지 않을 것입니다.

당연히 그러한 소비자들을 연결하는 일을 하는 사람의 역할도 영원히 없어지지 않습니다. 다만 그 방식은 달라질 수 있습니다. 취급하는 제품에 따라 형식이 바뀔 수도 있고요. 설사 그럴지라도 그 본질은 사라지지 않습니다.

여기서 우리는 이런 질문을 해봐야 합니다.

나는 지금이라도 첨단 기술을 익혀 제품을 생산하거나 거대한 유통 플랫폼을 구축할 수 있는가? 그것이 부의 흐름이라면 나는 그것에 편승할 수 있는가?

안타깝게도 그런 일은 이미 거대자본가 집단의 몫으로 넘어갔습니다. 지금은 R&D 시장보다 M&A 시장이 더 크다고 합니다. 연구개발은 거대한 집단이나 고도의 전문가 집단의 몫이 되었습니다. 그나마 세분화한 유통단계에 부분적으로 참여하는 개인 사업자의 역할마저 거대한 플랫폼에서 다 흡수해 버렸습니다.

이제 남은 것은 소비자 연대입니다. 소비자가 연대한 그 생태계를 프로슈머 혹은 프로토콜이라고 부릅니다. 중요한 것은 소비자 생태계 파워는 그 어떤 경우에도 절대 소멸하지 않는다는 점입니다.

6. 승자의 조건과 메커니즘

핵심 역량 강화 = 장점 극대화

내가 할 수 있는 것에 집중하십시오. 집중하는 것은 곧 반복하는 것입니다. 반복해야 잘합니다. 잘해야 성과가 납니다. 성과가 나야 즐겁습니다.

사람들은 일반적으로 돈을 모아 무언가를 해보겠다는 생각을 합니다. 하지만 우리가 모을 수 있는 돈의 규모는 남들도 모을 수 있습니다. 그런 까닭에 경쟁력이 없습니다. 서로 고만고만해서 경쟁력이 없으면 승부가 나지 않습니다.

또한 간신히 모은 돈으로 무언가를 시작하면 불안감을 이겨내기 어렵습니다. 무의식에서 벌써 지고 시작하는 셈이지요. 무의식은 유전자와 우리 몸의 모든 세포가 내가 생각하는 대로 작동하게 합니다. 즉, '안 되면 어떡하지?'라고 생각하는 순간 무의식은 어떻게든 우리 몸의 세포가 안 되게 움직이도록 만듭니다. '시험에 떨어지면 어떡하지?, 돈을 날리면 어떡하지?, 하다가 망하면 어떡하지?'라고 생각하면 무의식은 그것이 현실로 나타나게 만드는 겁니다.

내가 단점에만 몰두해 열심히 보완하다 보면 남들은 자신의 장점을 극대화해서 더더욱 격차가 벌어지고 맙니다. 단점을 보완하려 하면 평균까지는 도달해도 결코 잘할 수는 없습니다.
혹시 당신은 별(고민과 문제)을 없애려고 애쓰고 있지는 않습니까?
해가 뜨면 별은 저절로 감춰집니다.

우리는 장점을 극대화해야 합니다. 이를 위해서는 반복해야 합니다. 그러면 성과가 나고 성과는 우리에게 즐거움을 안겨줍니다. 즐거워지면 집중하게 마련이며 어느 순간 성취할 수 있습니다. 성취해야 베풀 수 있지요. 이것이 바로 성공의 비밀입니다.
우리의 장점은 열정과 성실 그리고 약간의 시간입니다. 장점에 집중하십시오. 그러면 단점은 해가 뜨면 사라지는 별처럼 저절로 묻혀버립니다.

7. 아이템이 3년을 못 넘기는 이유

모방의 용이성 → 치열한 경쟁 → 차별성 부족 → 실패

진정한 차별성은 무형 재산에서 나옵니다. 남들이 흉내 낼 수 없기 때문입니다. 반면 유형 재산은 누구나 따라 할 수 있습니다. 특히 수익성이 좋으면 누구나 따라 합니다. 요즘처럼 정보가 오픈된 세상에서는 약간의 경쟁력 정도는 장점으로 작용하기 어렵습니다.

우리는 이미 우후죽순 들어섰다가 몰살을 당하듯 사라진 많은 아이템을 알고 있습니다. 대표적으로 PC방이 그랬습니다. 도서 대여점, 비디오 가게도 마찬가지입니다. 그 밖에 수많은 유사 체인점이 그러했습니다.

특히 자본금 3억 원 이내 사업은 누구나 쉽게 시작할 수 있습니다. 그런 만큼 당연히 경쟁이 치열합니다. 자본금 수천만 원으로 시작할 수 있는 사업은 그야말로 엄청난 경쟁을 치러야 합니다.

모든 기업이 무형 재산 형성에 관심을 기울이는 이유가 여기에 있습니다. 쉽게 모방할 수 없으니까요. 그 대표적인 것이 기업 이미지, 브랜드 가치, 친절, 서비스 등입니다.

요즘 무형 재산으로 가장 주목받는 것 중 하나가 네트워크입니다.

여기에는 판매 네트워크, 정보 네트워크, 배달 네트워크 등 여러 종류가 있지만 그중 가장 모방하기 힘든 것은 한번 구축하면 절대 남들이 모방하고 흉내 내기 어려운 휴먼 네트워크입니다.

네트워크 마케팅에 참여한 소비자는 소비 충성도가 강할 수밖에 없습니다. 소비하면서 수입을 올려 자산을 증식할 수 있기 때문입니다. 이 점은 미래 유통이 인터넷을 기반으로 한 네트워크 마케팅으로 갈 수밖에 없는 이유이기도 합니다.

다만 시간이 흐르면서 그 소비자 집단이나 그것을 기반으로 하는 사업을 지칭하는 용어는 계속 변해갈 것입니다. 단골고객 확보, 회원제, 방문판매, 프로슈머 마케팅, 공유경제, 플랫폼 비즈니스, 프로토콜 경제 등 앞으로 다른 명칭을 부여하겠지만 결국 본질은 소비자 집단을 누가 어떻게 구축하느냐에 있습니다.

8. 네트워크의 크기, 즉 회원수가 재산이고 힘이다

소비자 네트워크는 그 가능성만으로도 권리입니다.

제레미 리프킨은《소유의 종말》에서 부의 개념이 유형에서 무형으로 변화하고 있다고 말합니다. 그는 그 대표적인 것으로 지적재산권과 네트 워크라는 무형의 형태를 꼽습니다. 네트워크가 자산이자 파워로 작용 하는 사례는 요즘도 쉽게 찾아볼 수 있습니다. 예를 들면 이렇습니다.

- 1억 5천만 명 이상 프라임 회원을 보유한 아마존닷컴 시가총액 2천조 이상
- 4,000만 회원 네트워크를 보유한 카카오톡의 시가총액 약 50조 이상
- 가입자 2,000만 명인 배달의민족 매각대금 약 5조 원
- 가입자 1,000만 명인 내비게이션 김기사 매각대금 626억 원
- 가입자 1,300만 명인 중고나라 매각대금 1,000억 원
- NGO(비영리단체)의 국회의원 낙선운동 파워
- 국회의원은 1만 ~ 2만 명의 지지자 네트워크를 구축한 사람

  한국 대통령은 1천 5백만 명 이상의 지지자 네트워크를 구축한 사람
- 페이스북(메타) 가입자수 14억 명
- 애플뮤직 가입자수 7천만 명, 스포티파이 가입자수 1억 6,500만 명
- 쿠팡 와우멤버십 가입자 900만 명, 분기 사용자수 1,800만 명
- 네이버 유료멤버십 네이버플러스 가입자 600만 명
- 유튜브 유료 서비스인 프리미엄 회원 5천만 명

- 이상 숫자는 2022년 기준으로 대략적인 수치를 인터넷 검색한 자료임

레충蟲 + 지혜지知)로 표기합니다. 이것은 개미는 의롭고 성실하게 살아가는 벌레지만 거미는 거미줄 형태의 네트워크를 만들어 지혜롭게 살아간다는 사실을 잘 표현한 것입니다.

네트워크 마케팅은 소비자 네트워크를 이용해 마케팅하는 것을 말합니다. 마케팅을 위해 네트워크를 짜는 것이죠. 일단 네트워크를 구성하면 그 네트워크 속에서 자연스럽게 마케팅이 일어납니다. 이를 토대로 구성원 각자가 윈윈할 수 있는 유통방식이지요.

그러면 월매출 16억 원짜리 백화점을 소유하는 방법을 한번 알아봅시다.

우선 생필품 쇼핑 방법을 바꾸고 혜택을 누리길 원하는 사람들의 소비자 연합체를 만듭니다. 각자가 한 달에 한 명씩 구전광고buzz를 할 경우 이론적으로 13개월이면 '1→2→4→8→16→ …… 4,095명→8,190명'의 소비자 연합체가 만들어집니다.

이때 한 가구당 매월 20만 원 정도의 생필품을 소비한다면 약 16억 원의 매출이 발생하는데, 이 중 약 35%를 구전광고에 따른 대가 혹은 유통마진으로 되돌려 받습니다.

물론 이것은 가능성을 얘기한 것이지만 지금 우리가 보유한 수단으로는 월매출 16억 원짜리 백화점을 1년 내에 소유할 가능성이 제로(0)에 가깝습니다. 즉, 아예 가능성이 없습니다. 아이템을 가지고 직접 온라인 쇼핑몰에 입점하는 방식도 많지만 그 세계가 어떠한지는 이미 앞에서 설명했습니다.

9. 사업수익의 특성

도덕성, 합리성, 지속성, 수익성

우리는 직업이나 사업에서 얻는 수익이 도덕성, 합리성, 지속성, 수익성을 갖추길 희망합니다. 그러나 그 네 가지 요소는 늘 서로 간에 어느 정도 상반성을 띱니다. 그럼 소비자 네트워크를 구축해서 얻는 마케팅 수익의 특성은 어떨까요? 결론부터 말하자면 네트워크 마케팅의 장점을 보다 더 구체화할 수 있습니다.

그 내용을 자세히 살펴봅시다.

첫째는 도덕성입니다. 소비 습관 변경을 전달하면서 누군가가 받을 혜택을 가로채는 일은 없습니다. 즉, 수익 창출에 도덕적인 문제가 없습니다.

둘째는 합리성입니다. 사업을 먼저 시작했든 나중에 했든 상관없이 누가 더 많이 일했느냐에 따라 수익분배가 이뤄집니다. 성과에 따라 수익을 합리적으로 분배하는 것입니다.

셋째는 지속성입니다. 여행을 가거나 각종 사고 혹은 질병으로 일하지 못해도 계속 수익이 나오는 지속성을 갖추고 있습니다. 즉, 네트워크 마케팅에서는 연금성 또는 인세성 수입을 얻습니다. 그 이유로는 생필품 반복 구매, 회원수 증가, 제품수 증가, 개인사업이라는 특징 덕분에 네트워크가 자발적으로 확장된다는 점을 꼽을 수 있습니다.

넷째는 수익성입니다. 네트워크 마케팅에서 얻는 수익은 적게는 용돈 수준부터 크게는 돈으로부터 자유로워질 정도까지 그 범위가 다양합니다. 즉, 수익의 크기를 스스로 결정할 수 있습니다.

직업 형태별 수익의 특성을 비교하면 다음 표와 같습니다.

직업 형태별 수익의 특성

직업형태	도덕성	합리성	지속성	수익성
직장생활	○	×	×	×
자영업	△	○	×	△
프로슈머 마케팅	○	○	○	○

10. 소비자는 어디서 소비하는가

자신에게 이득이 되는 곳에서

구매습관 변경으로 돈을 번다: 산발적 즉시 구매 → 계획적 주문 구매

소비자에게 필요한 소비생활은 단순 소비가 아니라 현명한 소비 방법입니다. 이제 소비자 위치는 단순히 소비만 하는 것이 아니라 소비하면서 돈을 버는 개념으로 바뀌고 있습니다. 그럼 소비자의 생필품 쇼핑 방법을 비교해 봅시다.

소비자의 생필품 쇼핑 방법 비교

구분	할인점	인터넷 쇼핑몰	프로슈머 마케팅 / 리퍼럴 마케팅
가격	DC 10~30%, 미끼상품, 충동과 대량 구매 유도	DC 10~30%	DC 약 30%
배달	직접 구매 시간과 교통비용 추가	택배	택배 충동구매 방지와 계획 구매 시간 절약으로 또 다른 여가생활 가능
보증	하자보증에 따른 반품	하자보증에 따른 반품	만족보증과 하자보증 하자보증은 기본이고 사용하던 중이라도 만족하지 않으면 환불
소비자 위치	소비자가 30원을 할인받아도 70원을 소비하는 소비자일 뿐임		프로슈머: 돈을 쓰지만 결국 자신의 쇼핑몰에서 소비하므로 그만큼의 돈을 버는 사람
수익 주체	할인점 주인	쇼핑몰 주인	소비자 개인
광고 방법	대중매체	대중매체	구전광고BUZZ
사용 기술	자동 계산	빅데이터 분석	빅데이터 분석 / 자동 배달 / 블록체인
개설 비용	최소 몇십억 원	최소 수십억 원	신분증 사본, 통장 사본으로 신청만 하면 개설. 누구나 무료로 개설 가능

당신은 어떤 방법으로 소비하고 싶은가요? 그 답은 자명할 것입니다. 이처럼 어떻게 소비할 것인지 그 정보를 전달하는 행동이 바로 '사업'입니다. 그래서 프로슈머 마케팅 사업은 '정보전달 사업' 혹은 '교육사업'이라 부르기도 합니다.

프로슈머:

소비자는 돈을 쓰는 사람이란 개념에서 벗어나 생산자와의 직거래로 생필품을 쓰거나 전달하면서 중간 유통마진과 광고비를 돌려받는 형태의 소비로 수익을 올리는 사람을 일컫는 용어.

구전광고 BUZZ:

체험을 바탕으로 한 자발적 광고 형태로 일시적 대량광고 효과는 없으나 구매력 향상에 직접적 효과가 있는 광고. 실은 대중매체를 활용한 광고도 근본적으로 구전광고를 유도하기 위해서 하는 광고 형태임.

최근 프로슈머는 플랫폼이나 공유경제에 참여하는 방식의 긱워커 형태로 이야기하고 있으나 이는 단순 소비자로서 얼마간의 추가수익을 올리는 수준의 활동입니다. 이런 활동을 보다 적극적이고 비즈니스로 전개할 경우 사업이 됩니다. 설령 자본이나 시설을 투자한 사업을 하더라도 어차피 회원을 유치해야 한다면 이익을 공유하는 방식으로

하는 것이 효과적일 겁니다.

최첨단 분야로 알려진 블록체인 기반 암호화 자산의 자금조달을 위한 ICO(암호화폐 공개)나 IEO(암호화폐 거래소 공개), STO(증권형 토큰 공개) 등에서 가장 많이 사용하는 것이 바로 리퍼럴마케팅 방식을 이용한 회원모집입니다. 가장 빠르게 가장 넓은 범위로 회원을 확보하는 데는 결국 구전에 의존하는 리퍼럴마케팅 방식이 가장 효과적이기 때문입니다. 그토록 부정적인 방식이 가장 첨단분야에 적용된다는 것은 그 방식이 가장 효과적이기 때문입니다. 가장 효과적인 방식은 누구나 하지 않았으면 하는 바램이 있을 것이고, 당연히 부정적 인식을 가지게 하려 할 것입니다.

11. 소비자 네트워크 구축과 유지를 위해 검토할 사항

- 방문판매법 등 관련법에 따라 정식 등록한 회사와 제품, 생산·물류시스템 등
- 회원 유치와 교육 등의 시스템의 유무
- 네트워크라는 생태계에 참여하는 구성원 모집의 목적(단순 돈이 아닌 아이템)
- 제품이나 수익의 반복성
- 실체(자산)보유 여부
- 확장성 : 다른 콘텐츠를 흡수할 수 있는지 여부

중 어느 하나라도 제대로 검증받지 않은 것이 있으면 제대로 된 프로슈머 마케팅을 전개하기가 어렵습니다.

첫째, 회사의 신뢰성 부분을 확인합니다.

우선 제품 생산과 선정, 배달, 고객관리, 수익관리, A/S 같은 사후관리 등에서 믿을 수 있는 회사인지 확인해야 합니다. 그리고 제조회사인지 유통회사인지도 반드시 확인하는 것이 좋습니다. 만약 아이템 한두 개를 취급하는 유통회사라면 그 아이템의 시장가치가 사라질 때마다 초기의 약속이 바뀔 수도 있습니다. 경영자의 이력과 경영철학도 꼭 확인해 봐야 할 부분입니다.

둘째, 소비자 네트워크를 구축하고 유지하는 일련의 방법이 검증된 것인지 확인합니다. 소비자 생태계 구축이라는 점 못지않게 중요한 것은 생태계를 유지하는 시스템을 갖추고 있는가 하는 점입니다. 일련의 시스템을 사례로 검증한 것인지도 확인할 필요가 있습니다.

어떠한 조직도 처음에는 공정과 이타, 원칙을 표방합니다. 시간이 지나도 그 원칙을 훼손하지 않고 꾸준히 이어가야 합니다. 이것을 담보할 수 있어야 참여자들이 믿고 사업을 진행할 수 있습니다. 그동안 소비자 피해는 대부분 이 지점에서 발생했습니다. 새로운 기술의 우월성만 강조하는 아이템은 향후 많은 피해를 끼칠 수 있습니다. 바로 검증된 시스템이 없기 때문입니다. 이 경우 처음에는 돈이 들어오므로 사람들이 모일 수 있으나 예측하지 못한 외부환경(제도나 법, 공급망 문제 등)이 발생하면 이를 해결하지 못해 갈등이 빚어질 가능성이 큽니다.

셋째, 생태계에 참여하는 소비자들이 단순히 돈만 목적으로 참여하는 것인지 실재 사용할 제품이나 혹은 콘텐츠가 있는 것인지를 확인해야 합니다. 앞으로 그럴 것이다는 계획만으로 참여하는 경우에는 회사의 기술수준이나 경영진 혹은 기술진들에 대한 면밀한 검토가 필요합니다. 특히 최근에는 첨단기술을 도용하거나 차용하여 설명하고 있습니다.

어느 것 하나만 보고 그 기대감으로 이 사업을 선택하면 안 됩니다. 만약 어느 것 하나만 보고 선택해서 사업을 진행하고 있다면 다시 검토하길 권합니다. '지금부터 고쳐가지'라고 생각하면 결국 경쟁력을 잃고 맙니다.

이 세 가지 요건을 완비한 상태에서 네트워크를 짜는 일에만 모든 역량을 결집해야 합니다. 어딘가 부족한 면이 있어서 이런저런 시스템을 새로 만들어야 한다면 경쟁 우위에 설 수 없을 겁니다. 왜냐하면 그 과정에서 반드시 불협화음이 생겨나고 그 갈등과 이해관계를 조정해

내기가 쉽지 않기 때문입니다.

대한민국에서 미국에 갈 때 가장 검증된 방법은 비행기 표를 사서 비행기에 탑승하는 것입니다. 마찬가지로 주변 환경을 믿고 따를 수 있도록 모든 것을 완비하고 있어야 합니다. 당신이 이제야 비행기의 안정성, 가격, 쾌적함을 검토하고 조사해야 한다면 목적지에 도착하는 것은 더욱 늦어질 수밖에 없습니다.

넷째, 중요하게 검토해야 하는 것은 수익의 반복성입니다.

일회성 제품으로 구축한 소비자 네트워크에 계속해서 새 제품을 구매하게 하는 것은 그 제품의 기능이나 효과와 무관하게 피로감을 높입니다.

소비자에게 제품을 전달하는 방법에는 강매, 판매, 구매가 있습니다. 이 중에서 '구매'하게 해야 별도의 추가 노력 없이 수익을 지속하고 그 에너지를 네트워크 확장에 투입할 수 있습니다.

이러한 기본을 갖추지 못한 아이템은 결국 지속성에 한계를 드러냅니다. 제품은 계속해서 반복 구매가 일어나야 수익의 지속성을 유지할 수 있습니다. 가령 내구성이 높은 제품은 시장 보급률이 일정 수준에 이를 경우, 소비자에게 또 다른 제품 구매를 유도하는 과정에서 이탈이나 부작용이 일어날 수 있음을 기억해야 합니다. 원재료 수급, 제조, 생산

능력이 부족하여 다 구축해 놓은 생태계가 무너지는 일도 있습니다.

반복 구매가 일어나는 제품과 서비스에는 다음과 같은 것이 있습니다.

- 건강기능 향상 및 보조식품 (특히 면역력 증강, 건강 유지 등)
- 화장품
- 블록체인 기반의 프로토콜 비즈니스 (기술력, 콘텐츠, 반복 구매에 따른 수익성 확인)
- 블록체인 기술을 접목한 공유경제 플랫폼 비즈니스 (반복 구매에 따른 수익성 확인)
- 기타 생필품이나 반복 서비스 (배달, 수리, 인력공급 등) 참여 사업

마지막으로 확인해야 할 것은 실체의 유무입니다. 다시 말해 자산을 가지고 있는지입니다. 자산이란 생산시설이나 토지, 건물 등의 유형 자산과 브랜드나 객관적 신뢰 등의 무형자산을 포함합니다. 아울러 지속적 확장성입니다. 확장하려면 개방적이어야 합니다. 다른 소비자나 콘텐츠를 흡수할 수 있는 구조와 계획이 있어야 합니다.

12. 프로슈머 마케팅과 불법 다단계의 차이점

둘은 비슷한 말을 하기 때문에 비교 검토하기 전에는 알 수 없습니다. 불법 피라미드는 비교 검토를 자신들의 자료만으로 합니다.

처음 사업 플랜을 들려줄 때는 불법 피라미드도 거의 네트워크 마케팅이나 프로슈머 마케팅 개념으로 이야기합니다. 그러나 사업을 결심하고 나면 이런저런 혜택을 제시하면서 일정한 투자를 강요합니다. 단호하게 거부하지 못하는 심리를 악용하는 것이지요. 그러므로 더욱더 검증받은 회사에서 운영하는지, 검증된 시스템으로 진행하는지 검토해야 합니다.

프로슈머마케팅과 불법 다단계의 차이

구분	프로슈머마케팅	불법 다단계
회사 형태	제조 및 유통회사	유통회사
제품	우수한 품질의 중저가 소비재 및 다양한 제품군	내구성 제품 위주의 단일 제품 또는 단일 아이템
가입비	없음	일정량의 물품을 구매해야 사업권이나 어떤 혜택 부여
상품 구매	구매습관 변경 개념	강매 유도
확장 구조	하위라인 확보 의무 없음	하위라인 확보 의무가 생기도록 조치
수입원	상품 소비 등 매출에 따라서만 수익 발생	사람 모집만으로도 수익 발생

구분	프로슈머마케팅	불법 다단계
환불 제도	소비자 만족보증제도	미비하거나 없음
재고 부담	없음	있음
업무 구조	부업에서 출발	전업 유도
사업 성격	장기 플랜	단기간에 얼마의 돈을 벌 수 있다는 데 초점을 맞춤
위험 부담	조직을 확장하거나 정체되어도 피해자 없음	강제 구매에 따른 부작용 발생
수당 체계	수당 체계의 일관성	지나치게 높은 수당 제시와 수당 체계 수시 변동

최근 리퍼럴마케팅의 경우 제 3자가 SNS를 통해 고객을 소개해 주는 방식의 가상자산 거래시 사용하는 방식입니다. 리퍼럴 마케팅에 대한 아이템 검토 시 핵심은 소비자가 사용할 수 있는 콘텐츠나 아이템을 가지고 있는 콘텐츠의 유무와 그것을 실현시킬 수 있는 기술력과 운영시스템을 확인해야 합니다. 대부분 블록체인 기술을 사용하므로 확인해야 할 것은 첫째, 어떤 서비스나 사용성으로 생태계를 확장하려 하는가? 둘째, 구현 가능한 기술과 기술자(다른 생태계을 흡수 할 수 있는 메인넷 기술 및 처리속도)를 가졌는가? 셋째, 앞으로 하겠다는 것인가? 아니면 이미 상당 부분 구축되었다는 것인가? 넷째, 정부나 혹은 어떤 거대 기득권 세력에 저항하는가? 그들마저도 사용할 수밖에 없는 것인가? 다섯째 성과배분이나 사업전개 방식이 제한사항이 많은지와 투명한

지? 등을 검토해야 합니다.

이미 상장된 가상자산도 수 천개가 넘고, 그중 99%는 소멸한다고 하는 상황입니다. 또한 이미 이 시장에도 수많은 일명 꾼이라는 세력이 참여하고 있다는 사실을 알아야 합니다. 이미 생태계를 갖추고 있는 기업이 가상자산이란 기술을 도입하는 경우 아직 소비자 생태계를 구축하지 못한 기업이나 아이템은 한순간 몰락할 수 있을 것입니다. 플랫폼 기업들은 이미 사용자들 확보하고 있다는 사실입니다. 때문에 이미 주도세력에 편입되어 있거나 국가나 혹은 거대 기업집단도 사용할 수밖에 없는 기술이 아니라면 사용자를 확보하고 있는 플랫폼에 의해 대체될 것입니다.

13. 프로슈머(소비자 네트워크 참여의 부가적인 이익)

경영에서 특정 공간과 이해관계로 만난 사람들을 조직화하는 것은 매우 어려운 과제입니다. 하물며 특별한 공간이나 구속된 계약관계가 아닌 사람들을 링커링 해서 생태계로 만드는 것은 얼마나 어렵겠습니까. 이것은 몇 배 더 어려운 일이라 엄청난 리더십이 필요합니다.

여기에는 대학 경영학 책에서도 다루지 않는 복합적인 역량이 필요합니다. 따라서 이런 일에 동참하는 것은 성공의 비밀을 배우는 효과가 있습니다.

비영리조직처럼 구속적이지 않으면서도 비즈니스 성과를 지향하는 양면성 있는 조직을 관리할 경우, 일반 비즈니스 조직에 필요한 역량보다 한 차원 높은 리더십을 배울 수 있습니다. 한마디로 이것은 부가적인 이익입니다. 실제로 소비자 네트워크를 구축하는 일에는 수익 창출이라는 표면적인 성과 외에 훨씬 더 많은 부수적 혜택이 뒤따릅니다.

그 내용은 다음과 같습니다.

- 조직 구축 능력과 조직 장악 능력 학습
- 꿈의 명확성과 생각 스킬
- 인간관계 스킬 향상
- 인정과 보상이라는 인간의 욕망 이해와 리더십 향상
- 부자로 산다는 것에 관한 명확한 이해

먼저 조직 관점에서 공부의 종류를 구분해 봅시다.

그것은 조직 구축 능력, 조직 장악 능력, 조직 관리 능력, 조직 적응 능력으로 구분할 수 있습니다. 우리가 제도권에서 받는 교육은 대부분 조직 관리 능력이나 적응 능력입니다. 대학교에서조차 어떤 조직에 들어가 인정받을 것인가 하는 내용을 가르치지요. 어디에서도 조직 구축 능력이나 조직 장악 능력은 가르쳐주지 않습니다.

설사 소비자 네트워크를 큰 규모로 만들지 못하더라도 무형 재화로 소비자 생태계 조직을 구축하는 방법을 배우는 것은 제도권 교육에서 배우는 것과 많이 다릅니다. 이것은 흔히 1%만 아는 비밀이라고 불립니다. 따라서 이것을 배우는 것만으로도 매우 의미 있는 일이라고 할 수 있습니다.

다음은 꿈을 중요성을 명확히 인식하는 것과 생각 스킬입니다.

우리는 대부분 꿈을 포기한 채 살아갑니다. 이 사업을 하기 위해 자본이나 기술, 학력, 자격증을 갖춰야 하는 건 아닙니다. 오로지 지금처럼 살지 않겠다, 나도 내 꿈을 되찾겠다는 생각과 결단만 필요합니다. 마찬가지로 다른 사람들이 꿈을 찾도록 돕고 그 꿈을 같이 이뤄가자고 결의하는 사업입니다. 그 수단으로 위험 부담 없이 소비자 네트워크 구축을 선택하는 것뿐입니다.

다른 사람이 꿈을 찾도록 돕는 일은 곧 영혼을 살리는 일과 같습니다. 당연히 이것은 가장 보람 있는 일이지요. 사람들이 무일푼으로 시작해 자신의 꿈을 찾아가는 과정을 보는 것은 그 자체로 감동이고 보람 있는 일입니다. 이 사업에서는 꿈을 찾아주고, 키워주고, 함께하고, 인정하고, 성공하는 멘토링의 전 과정을 실습합니다.

생각(Thinking)을 크게(Big) 하자고 해서 빌 게이츠는 조만장자가 되었습니다. 생각을 다르게(Different) 하자고 해서 스티브 잡스는 조만장자가 되었습니다. 생각 스킬(Thinking Skill)을 배우는 것은 제도권에서 가르쳐 주지 않지만 배울 수는 있습니다.

인간은 사회적 동물입니다. 다른 사람과의 관계 수준이 곧 삶의 수준이지요. 인간관계에는 배려와 칭찬, 소통 역량이 필요합니다. 이런 내용은 학교에서도 배우지만 그것은 매우 수동적입니다.

내 사업을 하는 관점에서 배우는 인간관계 스킬은 한 단계 높은 수준에서 이뤄져야 합니다. 수많은 기업인이 대학의 최고경영자 과정에 들어가 배우는 것은 인간관계 수준을 확장하고 깊이, 즉 양과 질을 키워가는 방법입니다.

이런 것을 자연스럽게 배운다는 점에서 이것만 배우고 그만두더라도 손해 보는 일은 없다고 하겠습니다. 특히 이 사업을 진행하는 과정에서 멘토나 롤모델, 선의의 경쟁자를 만나는 것은 삶에서 엄청난 행운입니다. 우리의 현실을 보자면 인생 중반을 넘어서도 딱히 마음을 터놓고 이야기할 만한 친구가 한 명도 없는 사람이 많습니다.

인정과 보상이라는 인간의 욕망을 이해하는 것은 리더십과 관련되어 있습니다. 사실 한 가정을 이끌어가는 리더십도 그리 쉬운 일은 아닙니다. 당연히 몇십 명에서 몇천 명까지 소비자 생태계를 리딩하는 것은 엄청난 리더십이지요.

여기에는 계급구조에서 처벌이나 불이익을 무기로 관리하는 초기 단계 수준과는 차원이 다른 리더십이 필요한데, 이를 이론이 아닌 실전으로 배울 수 있습니다. 인정과 보상이라는 긍정성만으로도 영향력을 발휘하는 수준 높은 리더십을 배울 수 있다면 그야말로 금상첨화라고 하겠습니다. 설사 자신이 선택한 아이템으로 성과를 내지 못할지라도 리더십을 갖추고 있으면 어디서든 결과를 낼 가능성이 큽니다.

마지막으로 부자로 산다는 것이 무엇인지 명확히 이해해야 합니다. 우리가 부자로 살지 못하는 것은 부자의 생각과 행동을 배울 수 없기 때문입니다. 왜 배울 수 없을까요? 어떤 부자도 자신이 부자가 된 내막을 정확히 알려주지 않으니까요.

책에서 보여주는 내용은 글로 전환하는 과정에서 왜곡되었을 가능성이 큽니다. 또한 상황이란 것은 사람마다 다른 까닭에 일반화하기 어렵습니다. 결국 부자가 되려면 현장에서 직접 부딪쳐가며 그때그때 배워야 합니다. 소비자 네트워크에 참여하면 수백 명 아니 수천 명을 사례별로 스터디할 수 있는 기회를 얻습니다. 그럴 수 있는 공간과 기회를 누리는 것만으로도 책 수백 권을 읽는 효과가 있습니다.

7장
의문과 질문
그리고 그 너머

7장
의문과 질문 그리고 그 너머

질문하는 사람은 주인이고 대답하는 사람은 머슴입니다. 질문은 '진리로 들어가는 문'이므로 우리는 질문을 해야 합니다. 그런데 많은 사람이 질문하는 것이 아니라 의문을 보입니다. 의문은 의심스러워하는 것이며 여기에는 두려움이 포함되어 있습니다. 왜 묻지 않는 걸까요? 스스로 그 답을 알고 있다고 여기기 때문입니다.

배우 최민식이 열연한 영화 〈올드보이〉에서 영문도 모른 채 15년 동안 감금되었다가 풀려난 최민식이 던진 질문에 유지태가 했던 대답이 아직도 사람들의 입에 오르내리고 있습니다.

"누가 나를 가뒀을까?"

"왜 나를 가뒀을까?"

"왜 15년 동안 감금했을까?"

이 질문에 유지태는 "틀린 질문을 하니까 맞는 대답이 나올 리 없지."라고 대답합니다. 그럼 맞는 질문은 무엇일까요? 바로 "왜 15년 만에 풀어주었을까?"입니다.

해야 할 이유와 더 잘할 이유를 묻는 것은 질문입니다.

하지 않아야 할 이유를 찾는다면 그것은 의문일 뿐입니다.

의심을 완전히 제거한 기회는 존재하지 않습니다. 첩보를 검증하면 정보이고, 정보를 유익성으로 분류하면 지식입니다. 결국 첩보나 정보는 그 나름대로 다 의심의 여지가 있습니다.

하기 싫은 이유를 찾는다면 그냥 정중하게 "아직 해야 할 이유를 찾지 못했습니다"라고 말해야 합니다. 그것이 맞습니다. 변명에 익숙해지면 그 행동은 평생 가고 이것이 습관이 되면 후손에게까지 물려줍니다.

1. 우리를 쫓아다니는 열 가지 의문

• 내가 되겠나?(하겠나?)

당신이 그런 생각을 하는 한 절대 안 됩니다. 세상 모든 일은 '나는 무조건 된다'고 믿어도 정말로 되기까지 많은 노력이 필요합니다. 하물며 '내가 되겠나' 하고 생각하면 그것이 무엇인들 되겠습니까.

'해내겠다'고 생각을 바꾸지 않는 한 절대 안 되는 것이 맞습니다.

'되겠나?' 하는 생각은 내가 할 수 있는 일인가 다음의 문제입니다. 많은 사람이 할 수 있는 기회조차 누리지 못한 채 살아갑니다. 그런 의미에서 '할 수 있다'가 중요합니다. '되겠나' 이전에 내가 할 수 있는 일인지 먼저 검토하십시오. 할 수조차 없는 일이라면 내가 되겠는지 고민하지 않을 겁니다.

'어떻게 하면 내가 할 수 있는가?'라고 질문해야 합니다.

그래야 다른 일을 하더라도 할 수 있습니다.

• 힘들지 않겠나?

만약 성공하는 것, 상위 5%의 삶을 사는 것, 명문가를 이루는 일이 쉽다면 그것을 이룬들 무슨 의미가 있겠습니까? 성공이란 그만한 대가를 치르기에 가치가 있는 것이 아니겠습니까?

또한 하루 10시간 이상 노동하고 엄청난 자금을 투입하고도 특별한 성과가 없는 일반적인 수단에 비해 이 사업의 어떤 점이 힘든지도 검토해 보기 바랍니다. 정작 당신은 당신이 하는 힘든 일에 습관이 되어 있을 뿐입니다.

어차피 공짜는 없습니다. 대가를 치를 만큼 치러야 우리의 자녀가 우리와 똑같은 대가를 치르지 않습니다. 부모가 미래를 예측하지 못한 대가는 자녀가 치릅니다.

'힘들여서 해야 할 만큼의 가치가 있는가?'라고 질문해야 합니다.

• 시간이 없어서 혹은 바빠서

시간이 없어서 못하는 게 아니라 시간이 없기 때문에 해야 합니다. 왜 시간이 없는지 그 이유를 알아봐야 합니다. 그 이유는 당신이 시간을 돈과 맞바꾸며 살아가기 때문입니다. 분주한 것과 바쁜 것은 다릅니다. 중요한 것과 긴급한 것도 다릅니다. 긴급하고 분주한 것과 함께 중요한 것, 가버리면 다시 오지 않는 바쁜 것에도 시간을 배정해야 합니다.

'내게 주어진 시간 여건으로 가능한 방법은 무엇인가?'라고 질문해야 합니다.

• 내 성격에 맞지 않아서

지금과 똑같은 행동으로는 지금의 결과 이상이 나오지 않습니다. 그래서 지금의 행동을 버릴 수 있어야 합니다. 변화란 지금의 내 행동을 포기하는 걸 완곡히 표현한 것입니다.

진정 내 성격에 맞는 일을 하기 위해서는 시간 단축이 필요합니다. 내가 원하는 인생을 가치 있고 멋지게 사는 얘기를 하는데 성격의 종류가 무슨 문제가 됩니까? 가시가 목에 걸릴까 봐 굴비를 먹지 않습니까? 가시는 안 먹으면 그만입니다.

내 성격의 부족함을 채워 줄 파트너를 찾지 못한다면 그 어떤 일도 쉽지 않을 것입니다.

그리고 지금 하고 있는 일은 성격에 맞아서 하는 겁니까? 스스로에게 정직해야 하지 않을까요? 성격이 꼭 어떠어떠해야 하는 것은 아닙니다. 혹시 내 성격에 단점이 있다면 그것은 팀워크로 극복하는 것이 가장 효과적입니다.

'내 성격으로 할 수 있는 방법에는 어떤 것이 있을까?'라고 질문해야 합니다.

• 주변에 열심히 해도 안 되는 사람들이 많던데

세상에 열심히 살지 않는 사람은 없습니다. 그러나 열심히 하는 것 못지않게 중요한 것은 바로 '제대로 하는 것'입니다.

속도가 아니라 방향이 중요한 것이지요. 그렇다고 언제까지나 방향이 중요한 것은 아닙니다. 방향을 결정하고 난 뒤에는 속도가 중요해집니다. 들러리로 남을까 봐 두렵습니까? 들러리로 남을까 두려워하면 들러리로 살아가는 수밖에 없음을 알아야 합니다.

내가 원하는 대로 살지 못하면 남들이 원하는 대로 살아야 합니다.

우리는 남들이 원하는 대로 사는 것에 익숙해져 있습니다. 주체적인 삶을 살아가려면 시스템을 믿고 따라서 성공자의 생각과 행동으로 변화해야 합니다. 자신은 열심히 했다고 생각하지만 분명 자기 방식대로 했을 가능성이 큽니다.

• 너무 늦은 것 아닌가?

흔히 최신 아이템을 선택하면 잘될 거라고 생각합니다. 물론 잘되는 듯 보일 수 있습니다. 예전에는 아이템 유효기간이 3년은 갔다고 합니다. 최근에는 6개월도 지나지 않아 비슷한 경쟁 아이템이 생겨납니다.

많은 사람이 이 사업을 알리기 위해 노력했습니다. 덕분에 많은 사람이 이 사업을 알고 있습니다. 그러나 아는 것과 행하는 것은 다릅니다. 아는 척하는 것보다 실제로 행하는 것이 더 중요합니다.

'너무 늦었다'는 말은 언제든 성립하지 않습니다. 바로 행하는 자가 소수이기 때문입니다. 무자본 사업은 특별한 투자 없이 시작할 수 있다는 장점이 있는 반면, 아무 때나 그만둘 수 있다는 단점도 있습니다.

많은 사람이 자신이 그만둔 이유를 변명하기에 바쁩니다. 당연히 그럴듯한 이유를 찾아내 합리화하려 합니다. 그것은 조금도 이상할 것 없으며 그저 평범한 사람의 심리일 뿐입니다. 어떤 일에서든 그런 사례는 차고 넘칩니다.

누가 뭐라고 하느냐가 중요한 게 아니라 내가 어떻게 살 것인가가 중요합니다. 간혹 어떤 사람은 믿게 해달라고 말합니다. 100% 믿게 할 수 있는 일이라면 그 일의 결과에 대가가 따르겠습니까? 믿음은 누가 주는 것이 아니라 내가 갖는 것입니다.

• 들어도 보았고 다 안다

의견과 사실은 다릅니다. 사실을 확인해 보지 않고 의견에 따라 뭔가를 선택한다면 문제는 이 기회를 놓치는 것으로 끝나지 않습니다. 당신이 다음에 오는 또 다른 기회마저 놓칠 것이라는 점이 무서운 겁니다.

스스로 사실을 확인하고 검토한 결과를 믿으며 여기에 자신감을 가지십시오. 누구에게나 의견은 있습니다. 그럼 그 의견에 내 인생이 나아지게 할 수 있는 내용이 들어 있던가요? 아마도 나를 위한다는 전제로 말하겠지만 그것이 진정 나를 위한 것인지 진지하게 고민해 봐야 합니다.

• ~가 반대해서

반대하는 이유가 무언지 한번 물어보십시오. 아마도 당신을 걱정해서 반대하는 것일 겁니다. 제대로 몰라서 그렇지요.

만약 당신이 지금 고시 공부를 하겠다고 말한다면 과연 주변의 모든 사람이 찬성할까요? 이는 꼬마가 '나도 NBA 농구선수가 될 수 있겠느냐'고 물었을 때 NBA 농구선수는 할 수 있다고 답하고, 한때 농구선수였던 사람은 애초에 포기하라고 답하는 것과 똑같은 이치입니다.

한 번은 해봐야 합니다. 그래야 다음에 또 누군가에게 정확하게 의견을 말할 수 있을 테니까 말입니다.

• 안 되면 어떻게 하죠?

배수의 진을 치고 더 이상 물러설 곳이 없게 할 것인가, 아니면 되기만을 기다릴 것인가는 선택입니다. '안 되고, 되고'가 내 결정에 달려 있지 않다고 생각한다면 그것이 무엇이든 하지 않는 것이 좋습니다.

운명이 '내 손안에 있다'고 생각해도 될지, 안 될지 모르는 것이 성공입니다. 그 결정권이 남의 손에 있다고 생각한다면 될 일이 없겠지만, 운 좋게 되었다고 해도 결국 남의 손에 있는 결정권이 언제까지 내 편일 것이라고 보기는 어렵습니다.

'되게 하겠다'가 아니라 '되고야 말겠다'를 넘어 '나는 이미 되었다'는 한 단계 더 높은 사유를 하는 사람은 결국 자신이 원하는 삶을 살지 않을까요?

2. 이제 무엇을 어떻게 하면 되는가

첫째, 내가 살고 싶은 삶을 한번 그려보십시오.

그리고 지금의 수단으로 가능한지 생각해 보십시오.

잘 모르겠거든 내가 하는 일을 20년 이상 해온 사람을 떠올려 보십시오.

둘째, 미팅과 세미나, 자료로 검토하십시오.

셋째, 선택하십시오.

성공은 기회로 쟁취하는 것이 아니라 선택할 때 오는 것입니다.

지금의 모습은 언젠가 내가 한 선택과 결단의 결과입니다.

그럼 이제 무엇을 어떻게 하면 되는 것일까요?

어쩌면 당신은 이 책을 받는 순간 자기 나름대로 선입견을 보였을지도 모릅니다. 그것 역시 95%에게 나타나는 고정관념입니다.

사람이 하는 일은 대부분 비논리적입니다. 극히 감정적이고 스스로 좋아서 즐거워하며 하는 것이지요. 그러면서 자신이 하는 일을 논리적으로 체계화하려 합니다.

그와 동시에 95%의 사람들은 무언가를 검토하고 선택할 때 꼭 논리적으로 접근합니다. 진정 중요한 것은 '내가 어떻게 살 것인가' 하는 점입니다. 무엇으로 내 존재가치를 확인해 갈 것인가 하는 것이지요.

어쩌면 '그냥 그렇게 살다가 갈 거라고' 생각할지도 모릅니다. 문제는 그냥 그렇게 살다가 가도록 세상이 허락하지 않는다는 데 있습니다. 내가 살고 싶은 삶을 결정했다면 지금의 직업이나 수단으로 가능한지 생각해 보십시오. 잘 모르겠거든 나와 같은 수단을 가지고 10년이나 20년 이상 살아온 사람을 떠올려 보십시오.

그다음으로 이 책을 전해준 분에게 이 사업에서 성공하고 있는 사람을 소개해 달라고 요청하십시오. 검토 과정에서 반드시 명심해야 할 것은 주도적이어야 한다는 겁니다. 이 책을 전해준 분이 초청하고 프로그램을 제시하기 전에 먼저 요청해 보십시오

무엇을 하든 주도적이어야 합니다. 그것이 가장 우선입니다. 누군가를 위한 직장을 구하는 게 아니라 자신을 위한 사업을 검토하는 것이기에 그렇습니다. 누구도 내 인생을 대신 살아주지 않습니다.

모임에 가십시오. 세미나에 참석하십시오. 또한 성공한 사람을 만나 물어보십시오. 그렇게 한다고 해서 이 사업을 선택하는 것은 아닙니다. 이런 일은 그저 검토하는 행동일 뿐입니다.

그런 곳에 가서 자신의 의견을 표현하지 못하고 꼬임에 넘어갈까 봐 두려워하며 망설인다면 이는 삶의 태도와 관련된 문제일 뿐입니다. 도망가는 것도 습관이고 그것은 유전됩니다. 설령 선택하지 않더라도 언젠가 누군가의 제안을 받으면 보다 분명하게 의견을 말할 수 있습니

다. 그렇지 않은 사람은 누군가의 제안을 받으면 적당히 변명할 것입니다.

마지막으로 이 사업에서 성공한 사람에게 물어보십시오. 망했거나 실패한 사람에게는 변명과 의견만 들을 수 있을 뿐입니다. 이미 말했듯 의견과 사실은 다릅니다. 사업을 검토하고 선택한 후에는 빨리 배우십시오. 그리고 그것이 즐거워질 때까지 연습하십시오. 지금의 내 모습은 과거에 내가 한 선택과 결단의 결과입니다. 앞으로 5년 후의 모습은 지금의 내 선택과 결단으로 결정될 것입니다.

10년도 넘은 책이 절판되지 않고 누군가의 손에 들려져 있다는 사실에 부끄러워서 개정판을 쓰기 시작했습니다. 북세통(책으로 세상을 통찰한다)는 프로그램을 통해 매주 책 1권을 소개하는 일을 15년째 진행하고 있습니다.

IMF때 씌여져서 모바일 혁명이 일어날 때 2차 개정판을 그리고 코로나라는 팬데믹상황과 러시아와 우크라이나가 전쟁을 치루고 있는 상황에서 원고를 마무리 했습니다. 누구도 앞으로 어떠해야 한다고 말하지 않거나 못하는 예측불가한 상황에서 답이라도 있는 듯이 글을 쓴다는 것은 하지 말아야 할 일인지도 모릅니다. 그러나 최소한 지금의 모습으로 그냥 그렇게 살다가 갈거라고 체념하는 것이 답이 아닌 것은 분명합니다. 그래서 최소한 그러한 생각에 동조해주는 정도의 역할이라도 할 수 있다면 좋겠다는 생각으로 써보았습니다.

써내려가면서 '~일 듯 싶다' '일지도 모른다' ' 아마도 그럴 수 있다' 는 식의 두루뭉술한 표현의 유혹을 수없이 받았습니다. 그러나 그러지 않으려고 나름 애를 써보았습니다. 짧고 간명하게 써야 한다는 강박도 있었지만 결국 길어지고 말았습니다. 이유는 실력이 부족해서입니다.

수많은 천재들은 우화 하나로도 세상을 표현하고 수많은 천재들은 그림하나 음악하나로도 세상을 묘사하는데 저는 글을 써나가는데 자꾸만 길어집니다. 어떤 작가는 단어 하나를 선택하기 위해 수백번도 더 고쳐쓴다는데 그것에 비하면 참 부끄러운 글입니다.

정보가 돈이고 기회다는 정보로부터 차단된 삶을 살았던 조상들의 삶에서 정보에 대한 욕망이 하늘을 찌를 때 정보통신 혁명이 일어났습니다. 수없이 쏟아지는 정보로 모두가 부자가 될 줄 알았습니다. 그러나 엉뚱하게도 정보를 다뤄본적이 없던 사람들은 그것이 똥인지 된장인지를 모른채 정보를 수집하는 일에만 메달렸습니다. 결국 정보수집 비용만 추가지출되면서 우리는 더욱 가난해졌습니다.

이제는 정신을 똑바로 차려야지 해 보지만 이제는 새로운 낯선 용어로 포장된 정보들이 정신없이 쏟아집니다. 도대체 갈피를 잡을 수 없습니다. 이런중에도 또 누군가는 엄청난 성과치를 들고 연신 자랑을 해대고 또 누군가는 그것을 내 능력탓이라고 몰아부칩니다.

어떤이는 항변도 하고 또 어떤이는 네탓이 아니라고 위로를 하지만 썩 공감되지도 않습니다. 결국 달라지지 않기 때문입니다.

아무리 소확행 기술을 익혀도 현실이란 팩트를 무시할 수 없습니다. 아무리 심리적 기술로 위로하고 달래주어도 현실이 달라지는 법은 없습니다. 그렇다고 주저앉아 있을 수는 없습니다. 원래 삶이 그런 것이기 때문입니다. 그렇다면 어차피 그런 것이라면 최소한 내 의지로 한번은 살아봐야 합니다. 그런 점에서 현실을 인식하는 참고서가 되었으면 하는 소박한 기대를 가져봅니다.

세상이 바뀌니 어떻게 바뀌는지에 궁금증이 커집니다. 문제는 그 변화속도가 따라가기에는 너무 빠르고 큽니다. 따라갈 수 없습니다. 그렇다면 방법은 하나뿐입니다. 세상이 바뀌어도 바뀌지 않는 것을 찾아내는 것입니다. 그것을 가진다면 세상의 변화가 두렵지 않을 수 있습니다.

그것이 무엇일까?를 생각해 봅니다. 그것인 개인적으로는 내 삶을 내가 살아야 한다는 것입니다. 내 삶을 내가 살지 못하면 누군가가 시키는 대로 살아야 할 테니 그렇습니다.

둘째는 무슨 일을 할 것인가입니다. 그것이 이 책에서 다루고 있는 내용입니다. 어떤 경우에도 소비자의 구매파워는 소멸되지 않을 것입니다. 구매파워를 만들어 내는 일은 인공지능 시대가 되어도 소멸하지 않을 겁니다. 인공지능 기능이 들어간 어떤 제품이나 서비스도 결국 누군가에게 소비되어야 할 것이기에 그렇습니다.

셋째는 같이 하는 것이 가치 있는 것이라는 점입니다. 지금까지 우리가 살아온 방식은 누군가에게 협력하는 것이고 그로 인해 생겨난 결과는 협력을 이끌어 낸 자의 몫이었습니다. 이제 그것을 모두가 알아버렸습니다. 협력의 방식 즉 누군가는 이끌고 누군가는 종속된 모델로는 불가능합니다. 나누고 함께하는 협업의 방식이 답입니다.

세상이 변해도 변하지 않는다는 것은 결국 어떻게든 해결해야 하는 것이라는 의미입니다. 이 책을 통해서 조금이나마 선명해지길 기대하면서 독자분의 행운을 빕니다.

그냥 그렇게 살다가 갈거라고?

1판 1쇄 찍음 2022년 07월 15일
1판 1쇄 펴냄 2022년 07월 15일

지 은 이 최병철
펴 낸 이 배동선
　　　　　마케팅부/최진균
펴 낸 곳 아름다운사회
출판등록 2008년 1월 15일
등록번호 제2008-1738호
주　　소 서울시 강동구 양재대로 89길 54 202호(성내동) (우: 05403)
대표전화 (02)479-0023
팩　　스 (02)479-0537
E-mail assabooks@naver.com

ISBN : 978-89-5793-204-9-03320
값: 8,000원

잘못된 책은 교환해 드립니다.